_____ 학교 ____ 학년____반 _____ 의 책이에요.

'체험학습'이란 책에서나 수업 시간에 배운 지식을 실제 현장에서 직접 경험해 보는 공부 방법이에요. 단순히 전시된 물건을 관람하거나 공연을 보는 것이 아니라 학습을 하기 전에 미리 필요한 정보를 조사하는 것까지를 포함한 모든 활동을 의미해요. 어떻게 공부할 것인지를 준비하면 그렇지 않은 경우보다 훨씬 더 많은 것을 보고 느끼게 되겠지요. 이 책은 체험학습을 하려는 어린이들에게 좋은 길잡이 역할을 할 거예요.

❶ 가기 전에 읽어 보세요

이 책은 체험학습 현장을 어린이들이 쉽게 이해할 수 있도록 풀이한 안내서예요. 어린이들이 직접 체험학습 현장을 찾아가는 데 필요한 정보가 들어 있어요. 체험학습 현장을 가기 전에 꼼꼼히 읽어 보세요.

❷ 현장에서 비교해 보세요

KBS온을 살펴보면서 방송에 대한 모든 것을 알 수 있어요. 방송이 만들어지는 과정에서부터 방송국 사람들이 하는 일, 텔레비전과 라디오 등 방송 기계의 역사까지 한눈에 알 수 있지요. 평소에 궁금했던 방송과 방송국에 대한 호기심을 함께 풀어 보고 방송을 향한 꿈을 키워요.

❸ 스스로 활동해 보세요

이 시리즈는 단지 지식을 전달하기 위한 교양서가 아니에요. 어린이 여러분이 교과서로 수업 시간에 배운 내용을 실제 현장에서 직접 체험하며 익힐 수 있도록 다양한 활동 내용을 담았지요. 책 중간이나 뒷부분에 이해를 돕기 위한 활동이 있으니 꼭 스스로 정리해 보세요.

❹ 견학 후 활동이 다양해요

체험학습 후에는 반드시 견학 후 여러 가지 활동을 해 보세요. 보고서 쓰기, 신문 만들기, 그림 그리기 등을 통해 체험학습에서 보고 들은 내용을 다시 한번 정리하면 알찬 체험학습이 될 거예요.

신나는 교과 체험학습 30

방송에 대한 모든 것을 알아봐요 KBS온

초판 1쇄 발행 | 2008. 6. 25.
개정 3판 4쇄 발행 | 2023. 11. 10.

글 최지연 | **그림** 백철호 윤민희

발행처 김영사 | **발행인** 고세규
등록번호 제 406−2003−036호 | **등록일자** 1979. 5. 17.
주소 경기도 파주시 문발로 197(우10881)
전화 마케팅부 031−955−3100 | 편집부 031−955−3113~20 | 팩스 031−955−3111

값은 표지에 있습니다.
ISBN 978-89-349-9643-9 64000
ISBN 978-89-349-8306-4 (세트)

좋은 독자가 좋은 책을 만듭니다. 김영사는 독자 여러분의 의견에 항상 귀 기울이고 있습니다.
전자우편 book@gimmyoung.com | 홈페이지 www.gimmyoungjr.com

어린이제품 안전특별법에 의한 표시사항

제품명 도서 **제조년월일** 2023년 11월 10일 **제조사명** 김영사 **주소** 10881 경기도 파주시 문발로 197
전화번호 031-955-3100 **제조국명** 대한민국 ⚠**주의** 책 모서리에 찍히거나 책장에 베이지 않게 조심하세요.

방송에 대한 모든 것을 알아봐요

KBS온

글 최지연 그림 백철호 윤민희

주니어김영사

차례

KBS온에 가기 전에

미리 준비하세요

준비물 《KBS온》 책, 필기도구, 사진기, 지하철 노선표, 교통비

미리 알아 두세요

관람 시간 | 9:30~17:30(17:00까지만 입장할 수 있어요.)
※ 명절(1월 1일, 설, 추석) 연휴

관람 방법 | 단체 관람은 인터넷 홈페이지(office.kbs.co.kr)에서 미리 예약해야
해요. 개인은 자유 관람이에요.

관람료 | 무료

문의 전화 | (02) 781-2224, 2225

주소 | 서울특별시 영등포구 여의도공원로 13 KBS 방송국 본관 2층

가는 방법 | 5, 9호선 여의도역 3번 출구로 나와서 15~20분 걸으면 보여요.

이런 점에 주의하세요

1. KBS온에서는 실제로 방송을 녹화하고 있는 현장을 볼 수 있어요. 이때
유리창을 세게 두드리거나 플래시를 터트리면서 사진을 찍으면 안
돼요.

2. 제작 체험 코너에서는 줄을 서서 차례를 기다려요. 자신의 차례에서는
혼자서만 오래 하지 말고 다른 친구들에게도 양보해요.

3. 단체 관람을 할 때는 안내하는 직원을 따라 움직이고, 조용히 설명을
들은 뒤 체험 활동을 해 봐요.

KBS온은요……

　여러분은 하루에 몇 시간이나 텔레비전을 보나요? 라디오는요? 가장 좋아하는 프로그램은 무엇인가요? 우리에게 새로운 정보와 재미를 전해 주는 텔레비전과 라디오! 텔레비전과 라디오를 보고 들으면서 내가 좋아하는 프로그램은 어떻게 만들어지는지, 우리 주변에서 발생하는 사건·사고와 새로운 소식은 어떻게 우리 집 안방까지 전달되는지 궁금했지요?

　KBS온은 방송 프로그램이 어떻게 만들어지는지, 텔레비전이나 라디오를 통해서 어떻게 방송 프로그램을 듣고 볼 수 있는지에 대한 과정을 알려 줘요. 방송 프로그램이 만들어지는 현장을 직접 볼 수 있고, 참여할 수도 있지요. 방송의 역사와 옛날에 쓰였던 방송 장비들을 볼 수 있는 것은 물론이지요.

　그러면 이제 우리가 직접 방송 프로그램이 만들어지고 있는 현장 속 주인공이 되어 볼까요?

한눈에 보는 KBS온

KBS온(견학홀)은 한국 방송의 과거, 현재, 미래를 체험할 수 있는 국내 최초의 체험 및 전시관이에요. 크게 방송의 역사를 볼 수 있는 곳과 방송 제작을 체험해 볼 수 있는 코너들이 있어요. 스튜디오 시창*을 통해서 라디오와 텔레비전 프로그램과 제작 과정을 직접 보며, 즐겁고 유익한 시간을 보낼 수 있답니다.

*시창 : 스튜디오 안을 들여다볼 수 있도록 만들어 놓은 창문을 말해요.

2층으로 들어가서 4층과 5층을 둘러본 뒤 2층으로 다시 내려오는 거야.

2층 KBS온(견학홀)

관람 끝

관람 시작

ON AIR

5층 방송 역사 박물관

- 라디오 드라마 제작 현장
- 음반매체 발달사
- 미니 방송 박물관
- '이산가족을 찾습니다'

1972년부터 시작된 한국 방송의 역사, 라디오 방송 제작 현장, 국제 방송 현황, 방송 기기 변천사 등을 볼 수 있는 방송 역사 박물관입니다.

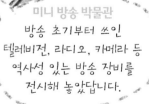

미니 방송 박물관
방송 초기부터 쓰인 텔레비전, 라디오, 카메라 등 역사성 있는 방송 장비를 전시해 놓았답니다.

라디오 드라마 스튜디오
라디오 드라마의 효과 음향과 녹음 제작 스튜디오를 직접 볼 수 있어요. 방송 스케줄에 따라 프로그램이 달라져요.

4층 방송 체험관

- KBS 연혁, 추억의 프로그램
- 가상 스튜디오
- 드라마. 연예오락
- 3D 입체 영상관
- 뮤직뱅크
- TV부조정실 체험
- 명예의 전당
- 만화영화 더빙 체험
- 만화영화 캐릭터 존
- 뉴스 앵커 체험

KBS 주요 프로그램들을 멀티 터치 스크린으로 감상하고, 첨단 기술의 가상 스튜디오, 3D 입체 영상관, 뉴스 앵커 코너, 만화영화 더빙 코너 등에서 직접 체험해 볼 수 있는 생생한 방송 체험 공간입니다.

TV 부조정실 체험
TV 스튜디오에서 방송 연출자, 카메라 감독, 출연자 체험을 할 수 있답니다.

가상 스튜디오
날씨, 뉴스, 드라마 등에 활용되는 특수 영상 체험을 할 수 있어요. 방송에서 쓰이는 블루 스크린의 원리도 배워요.

만화영화 더빙 체험
모니터와 오디오 시스템을 이용해 놀라운 더빙 체험을 할 수 있어요. 3초면 멋진 성우로 변신할 수 있답니다.

뉴스 앵커 체험
카메라가 설치되어 있는 뉴스 스튜디오에요. 뉴스 진행석에 앉아 앵커가 되어 볼 수 있지요.

만화영화 캐릭터 존
KBS에서 방영했던 역대 만화 캐릭터와 기념 촬영을 할 수 있어요. TV 화면 구성 원리도 체험할 수 있답니다.

견학홀을 모두 둘러보고 체험하는 데 걸리는 시간은 40~50분 정도예요.
먼저 2층 로비에서 뒤쪽 입구 계단을 통해 4층으로 올라가서 KBS 연혁, 추억의 프로그램, 가상 스튜디오, 3D 입체 영상관, 뮤직뱅크, TV부조정실 체험, 명예의 전당, 만화영화 더빙 체험, 만화영화 캐릭터 존, 뉴스 앵커 체험 코너들을 관람해요. 그리고 5층으로 올라가 라디오 드라마 제작 현장, 음반 매체 발달사, 미니 방송 박물관, '이산가족을 찾습니다' 코너 등의 순으로 본 뒤, 다시 2층 로비의 출구 계단으로 내려오면 되지요.

라디오 방송 현장을 보아요

2층 견학홀로 들어가기 전에 구경할 곳이 있어요. 24시간 불이 켜 있는 곳이지요. 견학홀로 들어가는 입구 옆 커다란 유리문 안으로 보이는 이곳은 바로 생방송 라디오 오픈 스튜디오예요. 많은 사람들이 라디오 프로그램을 방송하는 현장을 볼 수 있게 해 놓아서 '오픈 스튜디오'라고 하지요. 생방송 진행 모습을 유리창 너머로 볼 수 있답니다.

"안녕하세요!" 하고 밖에서 크게 인사를 해도 안에서는 들리지 않아요. 생방송으로 진행을 해야 하기 때문에 바깥 소리가 들리지 않게 방음 시설이 되어 있거든요.

생방송
방송 프로그램을 미리 녹음하거나 녹화해 두었다가 방송하는 것이 아니라 프로그램을 만드는 동시에 이루어지는 방송을 말해요.

와! 디제이 언니가 진행을 하고 있어!

106.1 MHz KBS Happy FM

라디오는 어떤 사람들이 진행을 하나요?

라디오는 연예인을 비롯해 여러 분야의 다양한 전문가들이 진행을 해요. 시사, 교양, 스포츠, 연예·오락 등 라디오 프로그램의 성격에 맞게 아나운서나 전문 MC, 음악 전문가, 영화 전문가 등 여러 분야의 전문가들이 진행을 하면서 자신이 갖고 있는 지식과 매력을 멋지게 발휘하지요.

라디오에는 어떤 프로그램들이 있나요?

라디오에는 우리가 좋아하는 음악을 들려 주고 사연을 읽어 주는 프로그램만 있는 것이 아니에요. 날마다 빠르게 뉴스를 전해 주는 시사 프로그램도 있고, 라디오 드라마도 있답니다. 하루 종일 국악과 같은 전문적인 음악만 나오는 채널도 있지요. 그럼 프로그램 성격을 어떻게 알 수 있냐고요? KBS1과 KBS2 채널의 성격이 다르듯이 라디오도 주파수에 따라서 프로그램의 성격이 각기 달라요.

라디오에 사연은 어떻게 보내나요?

옛날에는 라디오에 사연을 보내려면 일일이 손으로 쓴 엽서나 편지를 우편으로 방송 담당자 앞으로 보냈어요. 요즘엔 대부분 인터넷을 이용하고 있지요.

먼저, 인터넷 방송국 홈페이지에서 사연을 보내고자 하는 프로그램을 찾아요. 방송 프로그램마다 청취자가 참여할 수 있는 게시판을 마련해 놓고 있지요. 이곳에 사연을 글로 올리면 내 사연이 직접 방송에 나올 수 있어요. 아니면 KBS 라디오 콩(KONG) 인터넷 라디오 청취 프로그램을 다운로드해 봐요. 실시간으로 라디오 진행자에게 사연과 신청곡을 올릴 수 있답니다. 물론 보이는 라디오로 진행자의 얼굴을 직접 볼 수도 있구요. 어때요? 엄마 아빠의 결혼기념일, 동생의 생일에 방송 참여를 할 수 있겠지요?

자, 라디오 오픈 스튜디오를 둘러보니 라디오 프로그램을 어떻게 만드는지에 관한 궁금증이 조금은 풀렸나요? 그러면 본격적으로 흥미진진한 방송 체험관 홀로 들어가 봐요.

MC
연예 공연이나 퀴즈, 쇼, 인터뷰 등의 방송 프로그램을 진행하는 사회자를 말해요.

채널
각 방송국에 배정된 방송 전파의 이동 통로예요. 주로 텔레비전 방송을 서로 구별하는 표시로 쓰이지요.

주파수
전파나 음파가 1초 동안에 떨리는 횟수를 말해요. 텔레비전이나 라디오는 전기가 흐를 때 생기는 움직임으로 정보를 전달하거든요. 이 횟수에 따라서 라디오 방송을 들을 수 있는 주파수가 나뉘어요.

텔레비전 주인공을 만나요!

견학홀 내부의 홍보 텔레비전들

견학홀 입구

와! 여기는 견학홀 로비예요. 오른쪽에는 여러 대의 텔레비전들이 길게 줄지어 있어요. KBS 방송국에서 만든 뉴스와 다큐멘터리, 음악 쇼, 드라마, 어린이 프로그램 등 여러 가지 방송 프로그램들을 하나씩 소개하고 있어요. 어때요? 우리가 방송을 통해 함께 울고 웃었던 반가운 얼굴들이 많이 보이나요? 텔레비전 화면에서 보는 화려한 연예인들은 프로그램을 대표하는 얼굴이지만, 한 편의 드라마가 만들어지고 수많은 뉴스와 프로그램이 만들어지기까지는 방송 제작 현장의 숨은 일꾼들이 참 많답니다.

조금 안쪽으로 들어가면 방송 카메라와 작은 무대 장치가 있어요. 무대 뒤쪽

나는 카메라 감독!
자, 레디, 액션!

최대한
예쁘게 찍어 줘.

으로는 어린이 프로그램 캐릭터들이 서 있네요. 이곳에 서면 내 모습을 텔레비전 화면으로 볼 수 있지요. 마치 스타가 된 기분이라고요?

자, 그러면 이제부터 방송에 관한 모든 것을 알아봐요. 우리 책은 방송의 역사를 먼저 소개할 거예요.

텔레비전은 무슨 뜻인가요?

우리가 흔히 말하는 텔레비전(television)의 텔레(tele)는 그리스어로 '멀리', 비전(vision)은 라틴어로 '본다'라는 뜻이에요. 합하면 '멀리 본다.'는 뜻이지요. 전파에 실어 보내 준 영상을 볼 수 있는 기계 장치를 뜻하는 거지요.

여기서
잠깐!

어떤 방송 프로그램일까요?

다음 어린이들이 설명하는 것은 방송국에서 만드는 여러 가지 프로그램이에요.
맞는 프로그램 이름을 보기에서 골라 적어 보세요.

텔레비전에서
방송해 주는
연극의 일종이야.

지어낸 것이 아니라
실제로 있었던
사건을 기록한
프로그램이야.

앵커가
나라 안팎의
새로운 소식을
전해 주는
프로그램이야.

사회자가
다양한 분야의
지식에 관해 질문하면
출연자가 답하는
프로그램이야.

(   ) (   ) (   ) (   )

보기　　뉴스　　퀴즈 프로그램　　드라마　　다큐멘터리　　▶ 정답은 56쪽에

우리가 좋아하는 텔레비전이 옛날에는 어떤 모양이었을까?

방송의 역사와
라디오 드라마의 현장 속으로!

1927년 경성방송국에서 첫 전파를 보내기 시작하면서부터 우리나라의 방송이 탄생했답니다. 이 경성방송국이 우리나라 대표 방송국인 KBS로 바뀐 것이에요.

이제부터 방송이 걸어온 역사와, 방송을 청취하고 시청해 온 우리의 모습은 어떻게 변해 왔는지 살펴볼 거예요. 방송을 만들어 온 방송 장비들은 어떤 것들이 있는지 미니 박물관으로 함께 가 봐요. 또 라디오 드라마 스튜디오를 체험해 보면서 라디오 드라마에 대해서 알아봐요.

스포츠 중계 모습

최초 라디오 상담 방송 현장

우리나라 방송의 역사

방송 연혁

견학을 시작하기 전에 우리나라 방송의 역사를 알아보아요. 우리 방송이 지나온 발자취를 돌아보면 방송국 견학을 더 알차게 할 수 있을 거예요.

방송의 태동기(1927~1945년)

"제이 오 디 케이(JODK)……. 여기는 경성방송국입니다. 지금부터 정식으로 방송을 시작하겠습니다." 1927년 2월 16일 오후 1시, 우리나라 최초의 라디오 방송이 시작되었어요. 1920년에 미국에서 세계 최초로 라디오 방송을 시작한 지 7년 만이에요. 일제 강점기였던 당시 방송 호출 부호는 'JODK'였어요. '일본의 네 번째 방송국'이라는 뜻이지요. 첫 방송도 처음에는 일본어로 말을 한 뒤, 우리말로 통역하여 두 나라 말을 동시에 사용했어요.

그해 6월에는 경성극장에서 공연되었던 무대극을 녹음해 방송하는 '최초의 무선 중계방송'을 했어요. 경성방송국 개국 1주년에는 작곡가 홍난파가 지휘하는 전속

호출 부호
전파를 통해 방송을 하는 무선국끼리 서로 구별하기 위해 쓰는 각 무선국 고유의 부호예요. 한 방송국이라도 지역이 다르거나 매체가 다르면 다른 호출 부호를 사용하지요. KBS 방송국은 1961년에 HLKA라는 호출 부호를 처음 받은 뒤 지금은 약 160개의 호출 부호를 사용하고 있어요.

중계방송
극장, 경기장 등 방송국에서 멀리 떨어진 곳의 행사나 사건을 방송하는 것을 말해요.

1933년 4월 26일 이중 방송을 위해 다시 지은 경성방송국 건물이에요.

관현악단의 첫 연주가 전파를 타기도 했지요. 하지만 경성방송국은 하루 17시간 동안 일본어 방송과 우리말 방송을 각각 3대 1의 비율로 내보내도록 편성해 조선인과 일본인 모두에게 불만을 샀어요.

또한 초창기에는 값비싼 라디오와 2원이나 하는 청취료 때문에 라디오를 듣는 사람이 그리 많지 않았어요. 당시 회사원의 평균 월급이 8원이었기 때문에 청취료 2원은 무척이나 비싼 가격이었지요.

그러다 조선방송협회가 1933년 4월, 우리말 방송과 일본어 방송을 다른 채널로 나누어 하면서 라디오를 청취하는 사람들이 늘어나기 시작했지요. 우리말과 일본어의 이중 방송을 하기 위해 이전까지 한 곳에 있던 제작 시설인 연주소와 전파를 보내 주는 시설인 송신소를 분리했어요. 그래서 정동연주소와 최초의 송신소인 연희송신소가 세워진 거예요. 이때부터 점차 방송이 발전하기 시작하지요.

그런데 당시 일본은 우리 민족을 정신적으로 개조하려는 '황국신민화' 정책을 펼쳤어요. 경성방송국을 세운 것도 그 때문이에요. 그래서 일본의 전국 뉴스를 중계할 뿐 아니라, 일본에 반대하는 내용이 있는지 검열하여 방송을 중지하는 경우도 있었어요.

1932년에는 조선방송협회로 개편되어 광복 때까지 전국에 17개의 지방방송국이 생겨났어요. 1935년에는 방송망의 규모가 더 커지면서 경성방송국의 이름이 경성중앙방송국으로 바뀌어요.

1937년에는 송신 출력이 커지면서 휴대용 수신기로도 전국 어디서나 방송을 들을 수 있게 되었어요. 이렇게 방송을 접하기 쉬워지면서 1944년에는 수신기 수가 전국에서 30만 대를 넘어섰지요.

우리나라 최초의 라디오 청취자 참여는?

요즘 우리가 라디오에 사연을 신청하는 것처럼 1928년 12월에는 경성방송국도 청취자들의 엽서 문의에 대답해 주는 방송을 했어요. 방송국 내에 가정 고문 계를 설치해 전문가가 대답해 주었어요. 지금으로 보면 전문가의 상담이 이루어지는 최초의 상담 방송이라고 할 수 있지요.

최초의 상담 방송인 〈우문현답〉의 스튜디오 모습이에요.

편성
방송국이 방송 프로그램의 종류. 내용. 방송 시간 등을 결정하는 일을 말해요.

황국신민화
일제 강점기에 우리 국민을 일본 천황의 충실한 백성으로 만들려고 했던 일본의 정책이에요.

수신기
전신 또는 전화 등에서 외부로부터 통신 신호를 받는 장치예요. 여기에서는 라디오를 말해요.

방송의 혼란기 · 정비기(1945~1953년)

해방이다!

1945년 8월 6일, 제2차 세계 대전 중이던 일본의 히로시마에 세계 최초로 원자 폭탄이 떨어져요.

이 원자 폭탄은 한 순간에 20여 만 명의 목숨을 앗아갔고 일본은 8월 15일 무조건 항복 선언을 했어요. 일본 도쿄에서 보낸 일본 천황의 항복 방송은 우리나라 전역에 라디오 방송을 통해 중계되었지요.

일본이 항복하자 비로소 완전한 우리말 방송이 시작되었어요. 9월 15일 주한 미군 사령부가 조선총독부로부터 모든 행정권과 함께 경성방송국의 운영권도 넘겨받으면서, 서울중앙방송국으로 이름이 바뀌지요. 방송도 1947년 9월 3일에 국제통신연맹에서 부여한 HLKA라는 호출 부호를 쓰기 시작했어요. KBS는 지금도 이 호출 부호를 쓰고 있어요.

1948년 8월 15일, 대한민국 정부 수립과 함께 독립된 나라의 방송국으로서 당당히 방송을 할 수 있게 되어요. 하지만 기틀을 다지기도 전에 한국 전쟁이 일어나면서 방송의 기능과 역할이 거의 마비되는 암울한 시기를 맞아요.

나라가 운영하는 국영 방송국

나라가 직접 관리하고 운영하는 방송국을 국영 방송국이라고 해요. 공산 국가나 개발도상국 중 많은 나라들이 국영 방송국을 운영하고 있지요. 국가 예산이나 수신료*로 운영하고 특수한 경우 외에는 광고 방송을 하지 않아요. KBS도 원래 정부가 운영하는 국영 방송국이었다가, 1973년 한국방송공사라는 공기관이 운영하게 되어요.

*수신료 : 텔레비전 시청을 하든 안 하든 텔레비전을 갖고 있으면 내야 하는 요금이에요.

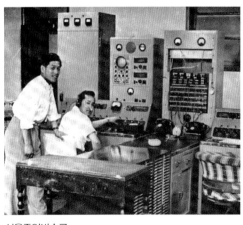

서울중앙방송국
남산에 있던 서울중앙방송국의 주조종실이에요. 서울중앙방송국은 나중에 KBS가 되지요. KBS라는 명칭은 1945년 9월 9일부터 사용하기 시작했어요.

방송의 성장기(1953년~1980년)

한국 전쟁이 끝난 뒤, 방송은 나라를 다시 세우고 경제 성장을 이끌어가는 역할을 했어요. 국영 방송이었던 KBS는 전쟁으로 부서진 방송 시설을 복구하고, 좋은 방송을 만들기 위해 노력을 기울였어요. 하지만 1960년 이승만 정권이 끝날 무렵에는 독재로 인해 공정한 보도를 할 수 없게 되지요.

4·19 혁명 이후에는 언론 자유가 보장되었지만 5·16 군사 정변이 일어나자 또다시 사정이 나빠졌어요. 이렇듯 혼란기를 지나 1968년 6월 22일 KBS는 서울중앙방송국, 서울국제방송국, 서울텔레비전방송국을 통합해 '중앙방송국'으로 새 출발하면서 규모가 점차 커지기 시작했어요.

1958년 5월 12일, 우리나라 최초로 텔레비전 방송이 시작되고 1962년부터 대중화되어 본격적인 텔레비전 시대가 시작되었어요. 또한 돈벌이에 목적을 둔 라디오 방송국이 생기면서 크고 작은 방송국이 경쟁을 벌이게 되어요.

1970년 6월 2일에는 충남 금산에 '금산위성통신지구국'이 세워지면서 우리나라는 위성을 통해 외국과 통신은 물론 텔레비전 중계가 가능해졌어요. 이 지구국을 통해서 태평양 위에 떠 있는 통신 위성과 연결되어 전 세계에 전파를 보내고, 또 바다 건너 세계 구석구석에서 일어나는 모든 일들을 안방에서 듣고 볼 수 있게 되었어요. 이른바 '우주 중계 시대'가 열린 것이지요.

1970년대는 텔레비전의 인기가 높아지면서 텔레비전의 숫자가 폭발적으로 늘어났어요.

금산위성통신지구국
1970년 6월 2일 우리나라 최초의 위성지구국인 금산위성통신지구국이 개통되었어요.

4·19 혁명
1960년 4월 이승만의 자유당 정권이 부정선거를 저지르자 이에 항의하며 학생을 중심으로 일으킨 혁명이에요.

5·16 군사 정변
1961년 5월 16일, 박정희 군수사령부 사령관이 해병대, 6군단 포병대 등과 무력으로 일으킨 군사 정변이에요.

지구국
일정한 기준에 따라 나눈 땅을 지구라고 해요. 관청이나 회사에서 그 지구를 담당하고 있는 곳을 지구국이라 해요.

공영화와 컬러 방송의 시대(1980년~1990년)

1980년 12월 1일 컬러 텔레비전 시험 방송을 시작하는 순간이에요.

누구나 방송을 접할 수 있게 된 1980년대에는 드디어 텔레비전이 흑백에서 컬러로 색을 입게 되었어요. 1980년 12월 1일부터 컬러 텔레비전 방송이 본격적으로 시작된 것이지요.

하지만 잠깐 동안 방송의 암울한 시기도 있었답니다. 1980년 11월 한국방송협회에서 방송의 공공성을 내세우면서 언론의 특권과 의무를 제한하는 '언론 통폐합 조치'를 발표해요. 그 결과 KBS, MBC, CBS, 극동방송, 아세아방송만 남고 그동안 생겨났던 많은 방송국들이 모두 KBS로 통합되면서 KBS는 거대한 방송국이 되었어요.

하지만 1987년 11월 새로운 방송법이 제정되면서 방송은 1990년대에 들어 더욱 큰 발전을 이루게 된답니다. 그 중 하나로 1990년 10월, 서울방송 SBS가 라디오 방송을 시작하고, 같은 해 12월에 텔레비전 방송을 시작하면서 방송의 본격적인 공영화·민영화 시대가 열린 것이지요.

이때부터 방송 구조가 크게 변화하기 시작했어요. 종합 유선 방송, 케이블 텔레비전 등이 본격적으로 등장한 거예요.

1991년 시험 방송을 거친 케이블 텔레비전이 생겨나면서 방송은 사회, 문화, 교육에 크게 기여하였고 지금까지 눈부신 발전을 하고 있지요.

🎥 **언론 통폐합**
1980년 11월 14일. 언론을 개선한다는 이유로 신문. 방송. 통신사를 강제로 통합한 사건이에요.

🎥 **방송법**
공공을 위한 프로그램이나 시청자 참여 프로그램이 얼마 이상 편성돼야 하는지 등 세세한 규정이 나와 있는 방송에 관한 법을 말해요.

와! 컬러 텔레비전이다.

공영 방송국과 민영 방송국은 어떻게 달라요?

우리가 알고 있는 KBS, SBS, MBC 방송국 중 어떤 곳은 공영 방송국이라고 하고, 어떤 곳은 민영 방송국이라고 부르는 걸까요?

방송국은 어떻게 운영되는지에 따라 공영 방송국과 민영 방송국으로 나뉘어요. 공공 기관이 운영하는 곳이 공영 방송국이에요. 우리나라 방송국 중 KBS와 MBC가 공영 방송국이지요. KBS는 국가 재정이나 수신료로 운영이 돼요. 공영 방송국으로서 공공의 방송을 위해 수신료를 받을 수 있도록 정부에서 허가를 받았지요. 하지만 수신료만으로는 방송을 만드는 데드는 돈이 부족해 수신료 이외에 광고 방송을 통해 부족한 비용을 마련하고 있어요. MBC는 정부가 투자하고 민간이 운영하는 형태예요.

민간 단체가 운영하는 곳이 민영 방송국이에요. SBS와 대전방송국, 전주방송국과 같은 일부 지역 방송국들이 민영 방송국이지요. 민영 방송국은 이윤을 만들어내는 기업과 같기 때문에 높은 시청률을 유지해 광고 수입을 올리는 것이 중요해요. 그렇지만 민영 방송국이라고 해서 높은 시청률을 얻기 위해 자극적인 소재로 방송을 하거나 재미만을 추구하는 것은 아니에요. 공영 방송국이든 민영 방송국이든 공공을 위한 방송을 해야 한다는 방송법을 지키고 있거든요.

상업적인 방송은 할 수 없어!

공영방송

방송 장비의 변천, 미니 박물관

미니 박물관

이곳은 우리 방송의 역사를 만들어온 방송 장비들이 전시되어 있는 곳이에요. 지금은 비록 낡았지만 당시에는 최첨단이었던 방송 장비들을 만나 보아요.

최초로 방송을 시작한 라디오

1927년 우리나라 최초의 라디오인 광석 라디오는 혼자만 들을 수 있을 정도의 작은 소리만 낼 수 있었어요. 하지만 당시엔 다섯 대밖에 없을 정도로 귀한 물건이었지요. 그 뒤 등장한 것은 조선방송협회가 일본에서 들여와 국내에 있던 다른 라디오보다 싼 가격으로 판매했던 보급형 라디오예요.

최초의 방송국 경품 행사 상품은 바로 광석 라디오였어요. 경성방송국 시절, 값비싼 라디오 청취료로 인해 라디오 보급률이 급격하게 줄었어요. 그래서 라디오 청취율을 높이기 위해 2원에서 청취 요금을 1원으로 내리는 등 여러 가지 방법을 썼어요. 그중 하나가 1927년 9월 창작 동화를 공개 모집하고 당선자에게 광석 라디오 1대씩을 나눠 주는 깜짝 경품 행사지요. 라디오가 아주 비싸서 당시로서는 큰 행사였어요.

라디오는 해방이 될 때까지 국내에서는 생산하지 못하고 모두 일본에서 수입했어요. 그러던 중 1959년 11월

부유함의 상징이었던 라디오

경성방송국 초창기는 청취료가 2원이었고 광석 라디오 한 대가 50~60원, 진공관식 라디오가 100~500원 정도였어요. 쌀 한 가마니가 7원이던 시절이었으니 라디오를 가진 집은 큰 부자였어요. 그래서 집 대문에 라디오를 들을 수 있는 '청취 허가장'을 붙여야 진짜 부자로 인정받는 재미있는 현상도 있었지요.

우리나라 최초의
라디오인 광석 라디오

보급형 제1호 라디오
1927년 경성방송국 개국 이후 조선방송협회가 싸게 팔았던 보급형 라디오예요. 일본 내쇼날 사에서 만들었지요.

금성사에서 1년여 동안 노력한 끝에 최초로 라디오 'A-501'을 선보였답니다.

뉴트로다인 5구 수신기
1927년 경성방송국 개국 때 조선방송협회가 보급했던 라디오예요. 스피커와 본체가 따로 나뉘어진 분리형이지요. 당시 부유층만 드물게 가지고 있던 귀중품이었어요.

경성방송국 초기 '거미줄 마이크'

경성방송국 초기에는 '거미줄 마이크'란 별명이 붙은 탄소형 마이크를 사용했어요. 아랫부분을 대리석으로 만들어서 '돌 마이크'라고도 불렀어요. 이 마이크는 앞쪽에 구멍이 뚫려 있어서 침이 튀면 전기에 감전되어 죽을 수도 있다는 소문이 있었어요. 그래서 정면으로 방송하지 못하고 옆으로 비스듬히 서서 방송하는 진풍경도 벌어졌어요. 당시에는 기술이 발달하지 않아서 주변에 습기나 먼지가 많으면 잡음이 많이 생겨 깨끗한 방송을 하기가 힘들었지요.

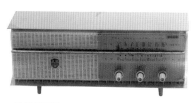

국산 라디오
우리나라 금성사가 만든 초기 모델 중 하나예요.

역사적인 순간에 쓰였던 다이나믹 형 마이크도 있어요. 한국 전쟁이 일어난 지 얼마 되지 않아 대전으로 먼저 피신한 이승만 대통령이 서울을 사수해야 한다는 내용의 방송을 한 역사적인 마이크랍니다. 1950년대 주로 사용한 이 마이크는 둥그런 윗부분의 모양이 해골을 닮았다고 해서 '해골 마이크'라는 별명이 붙었어요.

정말 오래된 라디오구나.

탄소형 마이크. 가운데 네 개의 스프링은 음성 흡수 장치예요.

광복 이후 미군이 들어오면서 등장한 다이나믹 형 마이크예요.

녹음기가 없어 생방송으로만 진행했어요

우리나라 방송에 녹음기를 처음 들여와 쓴 것은 1938년 말이에요. 꾸준한 실험과 준비 기간을 거쳐서 실제로 방송에 사용하기 시작한 것은 다음 해인 1939년이었지요. 그 전까지는 미리 녹음을 해 둘 수 있는 시설이 없어서 전부 생방송으로 해야 했기 때문에 어려운 점이 한두 가지가 아니었어요. 한번은 술에 취한 방송 출연자의 사정 때문에 아예 방송을 할 수 없는 경우도 있었지요. 그 당시 담당 아나운서가 "이 시간에 보내 드릴 ○○방송은 연사의 고장으로 보내 드리지 못합니다."라는 웃지 못할 사과 방송을 했어요. 정전도 아니고, 기계 고장도 아니고 연사의 고장이라는 이색적인 방송 용어가 참 기발했죠?

연사
소리가 나지 않는 무성 방송의 영상에 맞춰 설명해 주는 사람을 말해요.

요즘은 생방송이 아닐 경우에는 미리 녹음을 해 두니까 실수해도 괜찮아.

 카메라 변천사

16밀리미터 필름용 무비 카메라
1961~1980년까지 사용한 카메라예요. 뉴스 촬영, 드라마, 다큐멘터리 프로그램에 사용했어요.

개국 초기 텔레비전 카메라
1961년 KBS 방송국이 생긴 초기부터 사용한 흑백 스튜디오 카메라예요. 녹화기가 없어서 모든 프로그램을 생방송으로 했지요.

RCA TK 76 카메라
1970년대 말에 들여와 컬러 방송 초기에 사용한 카메라예요. 뉴스, 중계 방송, 스튜디오 촬영에 다양하게 사용했어요.

텔레비전이 사치품이었던 시절

1966년 8월 금성사에서 국내 최초로 흑백 텔레비전 VD-191을 만들어 냈어요. 이때까지 외제 텔레비전에 익숙하던 사람들에게 국산 텔레비전의 탄생은 신선한 충격이었지요.

하지만 당시 박정희 대통령과 대부분의 언론인, 지식인들은 텔레비전 국산화가 진행되면 누구나 텔레비전을 살 수 있게 되어 사치를 부추길 수 있다고 반대했어요. 당시 대통령의 월급이 7만8천 원이었는데, 19인치 국산 텔레비전 가격은 약 6만~8만 원이었기 때문이지요. 이렇게 비싼 텔레비전을 국내에서 만들어 많이 보급하면 사치를 일삼을 거라고 생각한 거지요.

그럼에도 불구하고 국산 텔레비전을 구입하려고 하는 사람들이 많아서 추첨을 통해 뽑힌 사람에게만 판매할 정도로 폭발적인 인기를 끌었지요. 1960년대 후반은 텔레비전이나 가구가 재산 목록 1호였던 시절이었답니다.

흑백 텔레비전 〈샤프 TC-310〉
1961년 12월 31일 텔레비전 방송국이 개국했지만, 아직 국내에서는 텔레비전이 생산되지 않았어요. 이 텔레비전은 외국에서 들여와 시청자들에게 공급했던 흑백 텔레비전이에요.

ENG 카메라는 작은 데다 필름을 현상할 필요가 없어 신속한 현장 취재에 많이 사용해.

국내 최초 ENG 카메라
필름 대신 비디오 테이프를 사용하는 소형 카메라예요. 1978년 이 카메라가 보급되면서 현장 취재의 시대가 열렸어요.

수중 카메라
ENG 카메라 중 물 속에 설치하고 조작은 밖에서 할 수 있는 특수 카메라예요.

진품명품, 온라인 방송 박물관

지금까지 견학홀 미니 박물관을 둘러보았어요. 그래도 방송 장비에 대해서 더 궁금하다고요? 그럼 KBS 홈페이지의 온라인 방송 박물관으로 들어가 봐요. 이곳에서도 옛날 방송 장비들을 볼 수 있지요. 그중 시대가 흘러 지금은 사라져 버린 재미있는 장비들도 있어요. 이 물건들의 쓰임새를 살펴보면 당시의 문화를 엿볼 수 있지요.

하하,
선풍기와 히터가
방송국 필수
장비였다니.

선풍기와 히터로 방송 장비를 보호했어요!

발전기 엔진 냉각용 선풍기(왼쪽)와 발전기 엔진 보온용
전기 히터(오른쪽)

1927년 경성방송국이 세워질 당시에는 방송 전파를 보내는 송신소와 프로그램을 제작하는 연주소가 분리되지 않아 연주소 지하실에 전력실과 송신기실이 같이 있었어요. 그런데 방송국에서 쓰이는 전력을 생산하던 발전기 엔진은 온도에 민감했어요. 그래서 매서운 추위가 몰아치는 겨울에는 엔진 부분에 전기 히터를 켜 놓아야 안심이 됐고, 삼복더위에는 선풍기로 엔진 부분의 높은 열을 식혀 주어야만 했답니다. 그때 쓰였던 선풍기와 히터는 지금은 찾아볼 수 없는 추억의 물건이 되었지요.

"여러분의 시계를 정오에 맞춰 주십시오!"

라디오나 텔레비전 방송으로 9시, 12시 등 정확한 시각을 알려 주는 것을 '시보'라고 해요. 예전에는 방송국의 시보 방송이 우리나라의 유일한 표준 시간을 의미했지요.

1927년 경성방송국 초창기에는 정오 12시가 되면 방송국 아나운서가 표준 시계를

시보를 방송하는 데 사용했던 차임이에요.

시보 방송용 표준 시계
(제작 년도 1927년)

보고 직접 시보 방송용 차임을 울리면서 "정오를 알려 드렸습니다. 여러분의 시계를 정오에 맞춰 주십시오."라고 방송했어요. 차임은 쇠파이프를 길고 짧게 잘라서 만든 것인데, 그 소리가 요즘 것과 견주어도 손색이 없지요.

시보 방송에 사용된 표준 시계는 태엽을 감아서 작동시키는 수동식 시계였어요. 오차가 심해서 방송 지휘실에 있는 숙직 근무자가 일주일에 한 번씩 태엽을 점검했지요. 그 당시에는 사람들이 시보를 들으며 각자 집에 걸려 있는 시계를 맞추는 것이 일상적인 풍경 중의 하나였어요.

잡음을 없애 주요, 방송 청취 방해 방지기

방송 초기에는 라디오 제조 기술의 수준이 높지 않았어요. 그래서 당시 전차에서 나는 도르래 소리나 이발소 전기 기구 등의 생활 소음이 섞이기도 했고 특히 전기 잡음이나 전파를 방해 받아서 소리가 안 나오기도 했지요. 사람들은 라디오에 귀를 가까이 가져가야만 정확한 소리를 알아들을 수 있었어요.

이때 잡음 없는 깨끗한 방송을 위해서 개발된 것이 바로 '방송 청취 방해 방지기'예요. 이 기기를 설치하면 각종 전기 잡음이나 전파 장애를 받지 않고 깨끗한 방송을 청취할 수 있었어요.

하지만 크기도 크고 비싸서 집집마다 설치할 수 없었기 때문에 대부분의 사람들은 "지지직~" 하는 잡음을 배경 음악으로 생각하며 들을 수밖에 없었답니다.

방송 청취 방해 방지기
라디오에서 들리는 잡음을 없애기 위해 만든 특수 장비예요.(제작 년도 1927년)

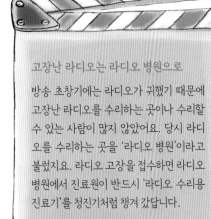

고장난 라디오는 라디오 병원으로

방송 초창기에는 라디오가 귀했기 때문에 고장난 라디오를 수리하는 곳이나 수리할 수 있는 사람이 많지 않았어요. 당시 라디오를 수리하는 곳을 '라디오 병원'이라고 불렀지요. 라디오 고장을 접수하면 라디오 병원에서 진료원이 반드시 '라디오 수리용 진료기'를 청진기처럼 챙겨 갔답니다.

라디오 수리용 진료기
라디오의 고장난 회로를 찾아내는 시험 기계예요.

천의 목소리, 라디오 드라마

라디오 드라마 스튜디오

On Air
방송에 나갈 프로그램을 만드는 중이거나 방송임을 표시하는 램프예요.

5층에서 라디오 효과 장비를 관람하고 걸어오면 라디오 드라마 스튜디오가 보여요. '방송중'이라는 램프에 불이 켜 있나요? 그렇다면 라디오 드라마가 녹음 중이라는 뜻이에요. 이 램프는 'On Air'라고 쓰여 있기도 해요.

드라마 하면 흔히 텔레비전에서 나오는 드라마만을 생각하지만 드라마에는 라디오 드라마도 있어요. 텔레비전이 없었던 방송 초기에는 라디오 드라마가 전부였지요. 방송국에서는 청취자들의 호기심을 끌기 위해서 단편 드라마에서 미니 시리즈 형태로 이어지는 연속극을 만들기 시작했답니다.

천의 목소리를 지닌 성우

텔레비전 드라마에서는 연기자들이 주인공을 맡는다면 라디오 드라마의 주인공 역할은 성우들이 맡아요. 성우들은 기쁨과 슬픔, 분노, 사랑에 대한 감정을 목소리 하나만으로 표현해야 하기 때문에 천의 목소리를 가진 '소리의 마술사'라고도 불러요.

라디오 드라마의 매력은 소리만으로 극의 상황을 상상할 수 있다는 것이지요. 텔레비전 드라마는 여주인공의 얼굴과 옷차림, 표정과 행동을 보면서 극의 진행 상황을 알 수 있어요. 하지만 라디오 드라마는 등장 인물의 목소리 하나만으로 상상해야 하기 때문에 훨씬 더 매력적이겠지요?

재미있는 것은 성우가 보통 다양한 목소리를 낼 수 있기 때문에 하나의 극에서 두세 가지 역할을 동시에

성우는 어떤 일을 하나요?

성우란 한 마디로 목소리로 연기하는 배우랍니다. 보통 성우는 라디오 드라마나 외국 영화, 우리가 좋아하는 애니메이션 속 등장 인물의 역할을 맡기도 하고, 다큐멘터리에서 상황이나 정보를 설명하는 목소리인 내레이션을 담당하기도 해요.
하지만 성우는 우리나라에서만 쓰는 말이에요. 외국에서는 성우라는 말 대신 방송 연기자라고 부르지요.

맡는 경우가 있다는 거예요. 그래서 어린아이와 할머니 역할을 한 사람이 맡는 경우도 있어요. 이렇게 한 사람이 전혀 다른 목소리를 낼 수 있다는 것이 신기하죠?

라디오 드라마를 녹음하고 있어요.

라디오 드라마에서 가장 중요한 것은 바로 효과음이에요. 라디오는 소리만으로 장소나 시간을 설명해야 하기 때문에 반드시 효과음이 필요하지요. 바닷가, 눈이 쌓인 겨울 산 등과 같은 장소와 특정 시간을 나타내기 위해서 실제 소리와 흡사한 소품을 이용해 파도 소리나 눈 밟는 소리와 같은 효과음을 내요. 이렇게 효과음과 분위기 있는 음악이 어우러져 한 편의 라디오 드라마가 만들어진답니다.

효과음
장면을 실감나게 하기 위해 넣는 소리예요.

여기서 **잠깐!**

어떤 소리를 낼까요?

라디오 스튜디오의 뒤쪽에는 효과음을 내는 여러 가지 도구들이 전시되어 있어요. 예전에는 녹화 스튜디오에서 이런 도구를 사용해 소리를 냈지요. 견학홀에 전시된 도구들을 찾아보고 어떤 소리를 내는 것인지 짝지어 보세요.

두꺼운 삼베를 걸어 놓고 돌리는 소리

철판을 망치로 때리는 소리

부채 위에 콩을 올려 놓고 튕겨서 내는 소리

키 위에 콩을 놓고 굴리는 소리

비 오는 소리　　　　바람 소리　　　　파도 소리　　　　천둥 소리

☞ 정답은 56쪽에

방송국에 있었다? 없었다?

옛날 방송국에는 ○○이 있었을까요, 없었을까요? 재미있고 궁금한 방송국 이야기! 방송국에 있었다? 없었다? 여러분이 직접 알아맞혀 보세요.

해방 전에도 야구 중계는 있었다? 없었다?

야구 중계 방송을 보면 헤드폰을 끼고 경기 규칙이나 선수 소개 등을 자세하게 설명해 주는 사람이 있지요? 바로 경기를 중계하는 스포츠 해설가예요. 스포츠 해설가의 재치 있는 중계 덕분에 야구 경기를 더 흥미진진하게 볼 수 있어요. 그렇다면 이런 전문 야구 중계가 해방 전에는 있었을까요? 없었을까요?

경성방송국 초창기에 스포츠를 중계하던 모습이에요.

해방 전에도 야구 중계 방송은 있었지만 해설가는 없었어요. 한국에서 최초로 중계 방송된 야구 경기는 1927년 9월 열린 '경성실업야구연맹전'이었어요. 경성방송국은 이 대회를 유선으로 중계했지요. 당시 설명은 윤길구 아나운서가 했어요. 이 대회를 시작으로 윤길구 아나운서는 해방 뒤 열린 제1회 전국 중등학교 야구선수권대회에서 첫 야구 중계의 마이크를 잡았어요. 첫 야구 중계이자 첫 스포츠 중계를 한 윤 아나운서 옆에는 해설자가 없었지요. 당시는 아나운서 혼자서 경기를 책임지고 중계했기 때문이에요. 그때의 중계는 어땠는지 한번 들어 볼까요?

"여러분, 안녕하십니까? 베이스볼 아나운서 윤길구입니다. 지금부터 경기중학교와 동산중학교의 게임을 전국에 방송해 드리겠습니다. 생각하면 서글펐던 36년을 털어 버리고 해방

의 감격을 맞은 지도 벌써 1년 1개월. 일제가 우리 손에서 빼앗아 가버린 마이크를 되찾은 지도 어언 13개월. 이제 이 은총의 순간을 맞아 경건한 마이크 앞에 다시 서니 감격과 무한한 희망이 가슴에 용솟음칩니다. 오늘 이 중계를 시작으로 앞으로는 자주 여러분을 위한 스포츠 중계를 해 드리기로 약속 올립니다. 제1회 전국중등학교야구선수권대회 준준결승전이 벌어지고 있는 이곳 경성 스타디움에는 때마침 일요일을 맞아 외야 언덕에까지 많은 관중이 들어찼습니다."

– 조선방송협회 서울중앙방송국 윤길구 아나운서, 1946년 9월 15일 –

방송국 전속 경음악단이 있었다? 없었다?

우리가 좋아하는 지코 오빠, 아이유 누나가 옛날에 활동했다면 방송국 전속 경음악단에 속해 있었을 거예요. 지금은 방송국에서 여러 가수들을 섭외해서 프로그램에 출연시키지만 예전에는 가수를 직원처럼 뽑았어요. 옛날 아이유 누나가 전속 경음악단에 합격했다면 KBS 직원이기 때문에 KBS 외에 다른 방송국에는 출연을 할 수가 없었을 거예요.

방송국 전속 경음악단으로 인해 우리 가요가 한 단계 발전할 수 있었어요. 1940년대만 해도 가요는 공연 무대나 레코드판을 통해서만 들을 수 있었어요. 그렇지만 방송국에 전속 경음악단이 생겨나면서 텔레비전을 통해 가요를 들을 수 있었고 가요가 더 활발히 보급되었지요. 방송 가요를 상징하는 곡 중 하나는 1956년에 발표된 '청실홍실'이라는 곡이에요. 드라마 주제가였던 이 노래는 결혼식 축가로 자주 불릴 만큼 인기를 얻었어요.

그렇다면 1940년대 당시 아이유 누나만큼 최고의 인기를 끌었던 텔레비전 스타에는 누가 있었을까요? 송민도, 금사향, 원방현, 고대현 등과 같은 분들이 초기 방송국 전속 가수로 이름을 날린 인물들이지요. 할머니, 할아버지에게 한번 여쭤 보세요.

방송이 어떻게
만들어지는지 잘
알아 둬야지.

방송은 어떻게 만들어지나?

흔히 방송국 사람들 하면 우리가 좋아하는 드라마 속 연예인이나 프로그램을 진행하는 아나운서를 떠올리지요. 하지만 그렇게 텔레비전 화면에 보이는 사람들 말고도 한 편의 방송 프로그램을 방송하기까지는 수많은 사람들의 손길이 필요하답니다. 방송이야말로 여러 사람들이 함께 만드는 공동 작품이라고 할 수 있어요. 그렇다면 방송은 어떤 사람들이 만들고, 한 편의 방송 프로그램을 만들어 방송하기까지 어떤 과정을 거치는지 살펴봐요.

자, 내가
방송을
만들 거야.

방송국 보도국

사극을 촬영하는 스튜디오

방송국 안도
구경해 보자.

부조정실 체험

프로그램의 한 장면

4층

- 뉴스 앵커 체험
- 가상 스튜디오
- TV 부조정실 체험
- 만화영화 더빙 체험
- 만화영화 캐릭터 존
- 3D 입체 상영관

이제부터
방송 제작 현장으로
가겠습니다.

뉴스를 전하는 앵커

뉴스 앵커 체험 코너

4층에서는 뉴스 스튜디오를 볼 수 있어요. 뉴스 세트와 카메라가 설치되어 있지요. 뉴스를 전하는 진행자를 앵커라고 해요. 여러분도 한번 9시 뉴스의 앵커가 되어 볼래요?

먼저, 앵커들이 앉는 진행석에 앉아서 앞에 있는 화면을 보아요. 자신의 모습이 텔레비전 화면에 나올 거예요. 그럼 이제 9시 뉴스의 진행자처럼 뉴스를 진행해 볼까요?

어떤 뉴스를 말해야 할지 모른다고 걱정할 필요 없어요. 바로 앞에 있는 화면을 보면 읽어야 할 뉴스 기사가 보이거든요. 이것을 '프롬프트'라고 하지요. 프롬프트는 원래 배우가 대사를 잊었을 때 무대 뒤에서 알려 주는 것을 의미해요. 앵커들은 프롬프트를 보며 뉴스를 정확하게 전달하지요. 이렇게 하면 꼭 외워서 하는 것처럼 시선을 정면으로 하고 기사를 전달할 수 있어요. 이런 비밀이 숨어 있는 것은 몰랐지요? 자, 준비됐으면 앞에 있는 버튼을 눌러 보세요. 마이크로 자신의 목소리가 울려 나올 거예요.

앵커와 뉴스 캐스터는 어떻게 다른가요?

앵커와 뉴스 캐스터는 모두 방송 뉴스 진행자예요. 하지만 이 둘 사이에는 다른점이 있어요.

뉴스 캐스터는 이미 취재, 편집된 뉴스를 단지 전달만 하는데 반해 앵커는 단순히 전달하는 것에서 그치지 않고 뉴스의 취재와 편집 등 모든 과정을 책임져요. 앵커는 편집자와 상의해서 뉴스의 주제를 정하고 담당 기자에게 취재 지시를 내리며, 취재 기자들과 끊임없이 연락을 취하면서 세부적인 지시를 내리지요.

앵커는 주로 아나운서나 방송 기자 중 오랜 방송 경험을 가진 사람을 뽑아요. 보통 남자 앵커는 방송 기자 중에서, 여자 앵커는 아나운서 중에서 뽑는 것이 일반적이지요.

실제 뉴스가 촬영되는 스튜디오

아나운서는 앵커 뿐만 아니라 DJ, MC, 내레이션 등 많은 분야에서 활동해요. 아나운서는 방송국에서 직원으로 채용되기 때문에, 전문 MC나 연예인들과는 달리 한 방송국의 여러 가지 프로그램을 의무적으로 맡아서 진행을 해요. 이런 아나운서 제도는 일본과 한국에서만 이뤄지고 있어요.

그렇다면 뉴스 앵커가 되려면 어떤 능력을 갖춰야 할까요? 무엇보다 표준어를 정확하게 구사할 줄 알아야 해요. 사투리를 쓰지 않고 정확한 발음으로 뉴스를 전달해야 하지요. 물론 누구보다도 멋진 앵커가 되려면 전문 지식과 맞춤법에 대한 지식을 꼭 갖추어야 해요.

스포츠 캐스터란?

스포츠 뉴스에서 경기를 중계해 주는 아나운서를 말해요. 아나운서라고 해서 모두 스포츠 중계를 할 수 있는 것은 아니에요. 먼저 스포츠 경기의 내용이나 규칙들에 대해 잘 알고 있어야 하지요. 그리고 경기 상황은 순간마다 어떻게 변할지 모르기 때문에 스포츠 캐스터는 순간적으로 대처할 수 있는 순발력과 임기응변 능력이 가장 필요하답니다.

여기서
잠깐!

9시 뉴스 앵커 되기

앵커처럼 단정한 옷차림을 하고 거울 앞에 서 볼까요? 단정한 옷차림과 머리 모양은 시청자들에게 뉴스에 대한 믿음을 더해 줄 수 있답니다. 정확하고 또박또박하게 아래 원고를 읽어 보아요.

바이러스에 대한 근심을 잠시나마 기생충의 낭보가 덜어준 하루였습니다.
신종 코로나 바이러스 소식은 잠시 뒤에 전해드리고요.
봉준호 감독의 '기생충'!
미국 아카데미 최고의 영예인 작품상과 감독상 등 4개 부문을 석권했습니다.
봉준호 감독이 세계적인 영화 거장으로 다시금 인정받은 건 물론이고, 한국영화의 위상도 어제(9일)와는 달라졌습니다.
한국영화 101년 역사상 최고의 쾌거, ○○○ 기자가 첫 소식으로 전합니다.

개성이 넘치는 세계의 방송국

세계 최초의 방송국은 어디일까요? 1920년 미국의 웨스팅하우스 사가 피츠버그에 개국한 KDKA 라디오 방송국이에요. 1931년 미국에서 첫 시험 방송이 시작되었지요. 세계 최초의 텔레비전 방송국은 영국의 BBC 방송국이에요. BBC 방송국은 1937년에 세계 최초로 흑백 텔레비전 방송을 시작했어요. 우리나라는 1956년 5월 12일, 세계에서 15번째로 텔레비전 전파를 발사하였답니다.

국제전기통신연합

모든 종류의 정보 통신을 개선하고 적절하게 이용하기 위해 만든 나라 사이의 협력 기구예요. 무선 기술이 발달하면서 국제통신연맹에서 국제전기통신연합으로 재탄생했지요. 우리나라는 1952년에 가입했어요.

뉴스 채널로 유명한 미국의 CNN

뉴스 채널로 가장 유명한 방송국은 미국의 CNN 방송국이에요. CNN은 24시간 뉴스 전문 채널이지요. 1980년 6월, 미국의 경영인 테드 터너가 1970년 애틀랜타 단파 방송국*을 사들여 유선 뉴스 방송국으로 바꾸고, 이를 다시 24시간 내내 국내외 뉴스만을 방송하는 슈퍼스테이션* 체제의 텔레비전 방송국 CNN으로 개편한 것이에요.

미국 조지아 주 애틀랜타에 있는 CNN은 문을 연 첫 해에 미국 대통령 선거전을 여러 각도에서 취재·방송하면서 뉴스 방송의 비법을 쌓아 갔어요. 1981년 이후 미국에서 일어난 주요한 사건의 재판 과정이나 미국항공우주국(NASA)의 우주선 발사 광경 등을 생방송으로 중계하기도 했어요. CNN이 세계적인 명성을 얻게 된 것은 1991년 걸프 전쟁 때 피터 아네트 기자가 이라크에서 생생한 현지 상황을 전 세계에 방송하면서부터예요.

CNN에 속해 있는 CNN인터내셔널은 세계에서 유일한 24시간 세계 뉴스 방송망으로, 유럽·중동·아프리카·라틴아메리카·아시아·태평양 등 6개 지역에 지부를 두고 있어요. 세계 212개국의 1억 5,000만 명 이상의 시청자가 6개 통신 위성을 통해 방송을 청취할 수 있지요.

가장 많은 프로그램을 수출하는 영국의 BBC

세계에서 프로그램 수출을 가장 많이 하는 방송국은 어디일까요? 바로 세계 최초로 텔레비전 방송을 한 영국의 BBC 방송국이에요. 특히 BBC의 다큐멘터리 제작은 세계에서 최고를 자랑하지요. 공영 방송국인 BBC는 세계적으로 영향력 있는 방송국으로 손꼽혀요. BBC 1TV는 주로 일반 프로그램을 방영하고, 2TV에서는 스포츠나 다큐멘터리를 방영하고 있어요.

우리나라에 최초로 방송국을 세운 일본의 공영 방송국, NHK

우리나라에 방송국을 처음으로 만들었던 일본의 공영 방송국은 NHK 방송국이에요. 1925년 도쿄, 오사카, 나고야의 라디오 방송국을 통합하여 1926년에 NHK가 세워졌지요. 그동안 독점 방송을 해 오던 NHK가 1950년에는 다른 상업 방송과 경쟁을 하면서 본격적으로 텔레비전 방송과 교육 방송을 시작했어요. NHK는 일본 전국에 122개 AM 라디오 방송국, 58개 FM 라디오 방송국, 98개 텔레비전 방송국을 운영하고, 국제 방송은 9개 채널을 갖고 있답니다.

*단파 방송국 : 먼 거리까지 도달하는 단파(전자파의 일종)를 이용하여 송신하는 방송국이에요.
*슈퍼스테이션 : 통신 위성을 이용해서 전국의 케이블 텔레비전에 방송을 보내는 방법을 말해요.

프로그램을 만드는 사람들

한 편의 방송 프로그램을 제작하기 위해서는 작가, 효과, 조명, 카메라맨, 스타일리스트, 출연자 등등 수많은 사람들이 필요하지요. 그 중 기본적으로 필요한 사람들과 그 역할을 알아봐요.

PD는 방송의 지휘자라고!

프로그램을 책임지는 프로듀서

프로듀서는 프로그램을 기획하고 제작하는 일을 해요. 줄여서 'PD(피디)'라고 부르기도 하지요. 드라마나 쇼 프로그램은 물론 코미디, 뉴스, 공개 토론 프로그램 등 텔레비전에 나오는 모든 프로그램을 총괄적으로 연출하는 사람이에요.

보통 방송국 프로듀서는 프로그램 기획부터 방송이 나가기까지 방송에 참여하는 모든 사람들을 움직여 프로그램을 만들고 책임지는 역할을 한답니다. 한마디로 제작 총책임자라고 할 수 있어요.

무엇보다 활동적이고 순발력이 있으면서 폭넓은 상식과 지도력을 갖춘 사람이라면 방송국 프로듀서에 도전해 볼 만하겠지요?

보통 CP(시피)라고 부르는 책임 프로듀서는 한 개의 방송 프로그램만을 관장하는 것이 아니라 여러 개의 방송 프로그램을 책임지는 관리자예요. 다시 말해 프로듀서보다 한 단계 높은 상급자로 생각하면 된답니다. 그리고 AD(에이디)는 프로듀서를 도와 프로그램을 만드는 조연출이에요.

관장
일을 맡아서 주관하는 것을 말해요.

제작 스텝을 알려 주는 스크롤

텔레비전 프로그램이 끝나면 화면에 올라가는 이름들이 나타나죠? 이것을 텔롭 또는 크레딧, 스크롤이라고 해요. 스크롤에 나오는 구성, 취재, 자료 조사, 진행, 연출, 기획 등은 프로그램을 만들 때 어떤 사람들이 어떤 역할을 담당하여 참여했는지 보여 주는 것이지요.

대본을 작성하는 방송 작가

방송 작가는 보통 드라마 작가와 구성 작가로 나눌 수가 있어요. 드라마 작가는 한 편의 드라마를 기획하고 대본을 쓰지요. 구성 작가는 쇼, 교양, 다큐멘터리, 코미디 등 모든 방송 프로그램에서 새로운 기획과 프로그램 구성 아이디어를 내고, 프로그램 구성안, 대본을 작성하는 일을 담당해요.

구성 작가가 작성하는 진행자들의 대본을 방송 멘트라고도 하는데, 멘트란 보통 방송에서 진행자나 내레이터들이 하는 말을 가리켜요. 방송 멘트는 한번 방송되면 돌이킬 수 없기 때문에 무엇보다 신중하게 써야 하지요.

작가들은 프로그램에 따라 여러 명이 함께 일하기도 해요. 그 중 책임을 맡는 메인 작가와 메인 작가를 도와서 일을 하는 서브 작가로 나뉘어요. 작가가 되려면 기발한 아이디어를 낼 수 있는 창의성과 글 솜씨가 바탕이 되어야 하지요.

프로그램의 진행표, 큐시트

프로그램의 시작부터 끝날 때까지의 진행 상황을 적어 놓은 진행표를 말해요. 어떤 순서로 방송 또는 녹음, 녹화를 할 것인지 일정한 형식에 따라서 쓴 프로그램 진행표지요. 프로듀서와 카메라 기술 담당자가 직접 말로 얘기하지 않더라도 이 큐시트에 적힌 순서대로 진행하면 방송을 차질 없이 만들 수 있어요.

내레이터
영화, 방송극, 연극 등에서 직접 등장하지 않고 줄거리나 장면의 내용을 설명해 주는 사람이에요.

여기서 잠깐!

나는 누구일까요?
아래의 사람들은 방송국에서 일하고 있어요. 자신이 하고 있는 일에 대해 이야기하는 것을 읽고 보기에서 맞는 직업을 골라 적어 보세요.

방송국에서 여러 개의 프로그램을 책임지고 관리하고 있어.

드라마나 프로그램의 대본을 작성해요.

줄거리나 장면의 내용을 목소리로 들려 주는 일을 해.

프로듀서를 도와 프로그램을 만들고 있어.

(   ) (   ) (   ) (   )

보기

| 내레이터 | 방송 작가 | 조연출(에이디) | 책임 프로듀서 |

정답은 56쪽에

현장에서 취재하는 방송 기자

일반 프로그램과는 달리 뉴스에서는 구성 작가가 아닌 방송 기자들이 사건을 취재하여 기사를 작성해요. 방송 기자는 신문 기자와 비슷한 일을 하지만 영상을 통해 소식을 전한다는 차이가 있어요. 방송 기자는 카메라 기자와 함께 현장 취재를 한 뒤 내용을 편집해서 시청자에게 보도하는 일까지 담당해요.

기자들이 분주하게 취재하고 글을 쓰는 보도국

방송 기자는 다루는 기사의 내용에 따라 정치부, 사회부, 경제부, 문화부, 국제부 등으로 부서가 나뉘어요. 어떤 내용을 뉴스로 담느냐에 따라서 취재하는 방법이 조금씩 달라지는데 현장을 고발하는 뉴스를 만들기 위해서는 위험한 순간을 무릅쓰고 사건 현장을 취재하는 경우도 있답니다.

 ## 방송 취재 과정

문화 현장을 취재하는 기자가 행사를 취재하는 과정을 살펴봐요.

가장 먼저 언제, 어디서, 어떤 행사가 진행되는지 등을 사전 취재를 하여 기사를 기획해요.

행사 현장에서 누구를 만나 무슨 질문을 할지 정하고, 행사의 전체 진행에 대해 어떤 기사를 쓸지 자세히 구성해요.

취재 현장에서 카메라 기자와 함께 행사를 취재하면서 촬영을 진행해요.

촬영한 내용을 적당한 분량으로 편집해서 시청자들에게 보도해요.

영상 예술가, 카메라맨

카메라맨은 텔레비전 프로그램의 모든 영상을 책임지는 방송 현장의 예술가예요. 보통 프로듀서가 머릿속에 그린 화면의 이미지를 설명하면 그것을 영상으로 만들어 내는 사람이 바로 카메라맨이지요. 카메라맨은 스튜디오 카메라맨과, 야외 촬영을 하는 ENG 카메라맨, 보도 카메라 기자로 나눌 수 있어요. 카메라맨은 화면을 구성하는 뛰어난 감각이 필요하지요. 특히 생방송을 할 때는 무엇보다 빠른 판단과 민첩하게 카메라를 다룰 수 있는 능력이 필요하답니다.

카메라맨과 카메라

야외에서 오랜 시간 동안 카메라를 어깨에 메고 촬영하는 카메라맨에게는 강한 체력이 필요해요. 주로 많이 쓰는 ENG 카메라는 무게가 어린 아이의 몸무게와 비슷한 15킬로그램이나 되지요. 카메라맨은 긴박감 넘치는 분위기를 내기 위해서는 카메라를 어깨에 메고 뛰는 경우도 많아요. 때로는 산에서 내려다본 풍경을 찍기 위해서 수백 미터의 산을 무거운 카메라 장비를 메고 올라가야 하는 때도 많지요. 카메라맨이 되려면 이런 힘든 과정을 받아들이는 프로 정신이 필요하답니다.

스포츠를 중계하는 카메라맨의 모습

소리를 책임지는 기술자, 음향 엔지니어

방송은 화면도 중요하지만 반드시 점검해야 할 것 중의 하나가 '소리'예요. 스튜디오뿐 아니라 방송 제작 현장에 설치되어 있는 수많은 마이크의 음향과 음질을 어떻게 조절하느냐에 따라서 우리가 전해 듣는 방송의 질이 결정되기 때문이에요. 만약 실수로 방송의 소리가 너무 크거나 아예 소리가 나가지 않는다면 당황스럽겠죠? 이렇게 방송의 음향과 녹음을 담당하는 사람이 음향 엔지니어예요. 오디오맨이라고도 하지요.

무대 감독, FD

제작 스텝 중에 FD(에프디)가 있는데 스크롤에서는 진행이라는 이름으로 올라가요. FD는 무대 감독이란 뜻으로 프로그램 진행을 돕는 사람이에요. 예를 들어 방송이 진행되는 동안 객석의 반응을 살피거나 프로그램이 매끄럽게 진행될 수 있도록 연출자를 돕는 역할을 하지요.

앗! 소리가 너무 작아. 크게 키워야겠어.

방송국의 숨은 곳을 찾아라!

방송국 안은 마치 미로처럼 복잡하답니다. 우리가 알고 있는 프로그램을 진행하는 스튜디오뿐 아니라 주조정실, 부조정실, 분장실, 의상실, 소품실 등 하나의 프로그램이 일반 가정의 텔레비전에 전달되기까지는 거쳐야 할 곳들이 참 많지요. 그렇다면 방송을 만들기 위해 반드시 거쳐야 하는 방송국의 숨은 곳을 찾아볼까요?

❶ 부조정실

여기는 녹음 장비나 카메라의 화면을 조정하는 부조정실이에요. 보통 스튜디오 안이나 스튜디오를 내려다볼 수 있는 한 층 높은 곳에 부조정실이 있어요. 여러 개의 화면이 보이지요? 이 화면들을 통해서 스튜디오에 설치돼 있는 카메라를 조정해요. 영상을 바꾸고, 카메라를 조정하고, 조명이나 음성을 조정을 하는 사람들이 보이죠? 부조정실에서는 프로듀서가 말의 길이나 내용을 조절하고 최종적인 판단을 내리는 곳이에요. "1번 카메라 다음엔 2번 카메라 커트!" "목소리가 너무 커요. 좀 더 줄여 주세요." 하고 말이지요.

조정실 밖의 On Air등이 켜지면 방송을 진행하고 있다는 뜻이야.

텔레비전 수신 과정

방송 프로그램은 어떻게 우리 집에 있는 텔레비전까지 전달됐을까요? 그 과정을 살펴봐요.

스튜디오에서 방송 프로그램을 제작해요. 부조정실은 완성된 프로그램 영상을 주조정실로 보내요.

주조정실은 제작된 방송 프로그램을 옥상 안테나를 통해서 남산송신소로 보냈지요.

남산송신소에서 전국에 있는 송신소로 프로그램 전파를 전달했어요.

송신소가 전파를 받아 각 가정으로 보내면, 안방에서 텔레비전을 시청할 수 있었지요.

❷ 주조정실
주조정실은 프로그램의 중심 역할을 하는 곳이에요. 각 스튜디오의 부조정실에서 보내온 영상이나 음성을 모아서 프로그램 시간에 맞게 정상적으로 방송되도록 송신소에 보내는 일을 하는 곳이지요. 예를 들어 교실에서 부모님을 모시고 학습 발표회를 열 때, 각 조별 발표 내용을 만드는 것이 부조정실의 역할이라면, 조별로 만든 발표를 모아서 발표 순서를 정해 주는 선생님의 역할이 주조정실이라고 할 수 있지요.

텔레비전 중계차
스튜디오의 부조정실과 같은 기능을 갖춘 자동차예요. 텔레비전 방송 스튜디오 밖에서 방송국의 주조정실로 프로그램을 보내지요.

❸ 소품실
사극에 나오는 옛 의상이나 칼, 신발에서부터 드라마 촬영에 쓰이는 의자, 책상, 텔레비전 냉장고 등이 모두 이 소품실에 모여 있어요. 옛날 교과서부터 컴퓨터까지 없는 것이 없는 방송국의 보물 창고랍니다.

❹ 분장실
쉿, 여기는 방송 녹화 전 연기자나 출연자들이 쓰는 분장실이에요. 커다란 거울 앞에서 화장을 하고, 방송에 들어가기 전 미리 대본 연습도 하고, 피곤할 때는 살짝 눈을 붙이는 곳이기도 해요. 유명한 연기자들이 쓰는 개인 분장실은 따로 있어요.

다양한 방송 프로그램

시청률이란?

시청률이란 시간대별로 어떤 프로그램을 시청한 사람이나 가정이 전체 중 몇 퍼센트나 되는지를 보여 주는 비율을 말해요. 특정 프로그램을 얼마나 많은 사람들이 보느냐를 나타낸 숫자지요. 시청률에 따라서 프로그램의 인기 정도를 가늠할 수 있어요. 라디오 방송에서는 시청률이 아닌 청취율이라고 해요.

방송 프로그램은 드라마뿐 아니라 시사·교양 프로그램, 연예·오락 프로그램, 뉴스 프로그램, 어린이 프로그램 등으로 나뉘어요. 프로그램의 성격에 따라 시청자 층과 방송 시간을 정하지요. 그러면 어떤 프로그램들이 있는지 알아볼까요?

호기심 해결사 '교양 프로그램'

교양 프로그램은 시청자들의 호기심을 해결해 주고, 지식을 전달하는 프로그램이에요. 한 마디로 방송을 통해 다양한 정보와 지식, 교양을 쌓을 수 있는 프로그램이에요.

예를 들어 지역 대표 음식들의 숨겨진 이야기와 역사를 전하는 〈한국인의 밥상〉, 고등학생들의 퀴즈 프로그램인 〈도전 골든벨〉, 아침 쇼 프로그램인 〈아침마당〉, 다큐멘터리 〈생로병사의 비밀〉 등 문화와 정보를 바탕으로 만든 프로그램이지요.

신나게 웃고 즐겨요, '연예·오락 프로그램'

방송의 목적 중 하나가 시청자들에게 즐거움을 주는 오락의 기능이에요. 그래서 만든 것이 바로 연예·오락 프로그램이지요. 코미디, 버라이어티 쇼, 음악 프로그램, 토크 쇼 등이 여기에 속하지요. 요즘 방송국에서는 연예·오락 프로그램의 경쟁이 심해지고 있어요. 그렇다고 하더라도 방송국에서는 시청자의 의견을 반영하면서 건전하고 건강한 웃음을 주기 위한 프로그램 제작에 힘쓰고 있답니다. 〈해

피 투게더〉, 〈슈퍼맨이 돌아왔다〉, 〈불후의 명곡〉, 〈유희열의 스케치북〉, 〈뮤직뱅크〉, 〈개그콘서트〉 등이 여기에 속해요.

우리 주변의 사건을 알려 줘요, '시사 프로그램'

뉴스 프로그램을 비롯해 우리 사회에 대한 이야기를 공정한 언론의 시각으로 담은 것이 바로 시사 프로그램이에요. 시사 프로그램의 경우 기자와 프로듀서가 직접 사건을 취재하고 보도해요. 때로는 비판과 고발이 이어지기도 하고, 때로는 가슴 따뜻한 우리 이웃들의 이야기가 담긴 프로그램이지요. 〈9시 뉴스〉, 〈시사기획 창〉, 〈제보자들〉, 〈인간극장〉, 〈다큐 공감〉 등이 여기에 속한답니다.

재미있게 배워요, '어린이 프로그램'

어린이들을 위한 프로그램도 있어요. 어린이들이 교과 과정이나 생활 상식들을 재미있게 배울 수 있지요. 어린이와 학생들이 출연해 동요 솜씨를 겨루는 〈누가 누가 잘하나〉, 교육적 내용과 다양한 놀이로 아이들의 오감을 키우는 〈TV유치원〉이 있어요.

드라마는 이렇게 만들어요

자, 이번엔 텔레비전 드라마가 어떻게 만들어지는지 볼까요? 라디오 드라마의 주인공이 성우들이었다면 텔레비전 드라마 속 주인공들은 연기자들이지요.

하나, 시놉시스 만들기

드라마를 만들기 위해 가장 먼저 작가가 드라마의 시놉시스를 만들어요. 한 편의 드라마가 탄생하기 위해서 든든한 뼈대가 되는 것이 바로 시놉시스랍니다. 시놉시스는 보통 어떤 이야기를 그려낼 것인지 줄거리와, 어느 시대와 어느 곳을 배경으로 할 것인지, 기획 의도, 등장 인물 등 드라마의 기본 뼈대가 되는 내용들을 적어요. 이 시놉시스를 바탕으로 대본이 만들어진답니다.

예를 들어 드라마의 주제를 '가족'으로 한다면 가족의 슬픈 이야기를 할 것인지, 재미있는 이야기를 할 것인지, 가족 구성원은 어떻게 할 것인지 등을 결정하는

어떤 스토리가 좋을까?

것이에요. 드라마의 줄거리를 작가가 머릿속으로 그리고 주제에 맞는 인물들을 하나씩 만들어 나가는 과정이 바로 시놉시스예요. 시놉시스 안에는 작가가 만들어낸 인물들의 성격, 외모, 직업, 가족 관계, 주변 인물을 비롯해 다양한 사건들이 마치 거미줄처럼 엮여 있지요.

드라마 협찬

협찬은 여러 회사에서 드라마를 만드는 데 들어가는 돈이나 물건 등을 도와주는 것을 말해요. 보통 한 편의 드라마가 만들어질 때 배우들이 입는 옷, 패션 소품, 자동차, 인테리어, 머리 모양까지 협찬을 받는답니다. 기업에서는 협찬을 통해 상품을 간접적으로 알리는 것이지요.

둘, 대본 쓰기

큰 줄기의 시놉시스가 만들어졌으면 이제는 배우들이 연기할 수 있는 바탕인 대본이 필요해요. 대본은 장소를 설명하는 장면, 배우의 행동을 자세히 적어 놓은 지문, 배우의 대사로 구성되어 있어요.

이 장면에서는 이렇게 말해야……

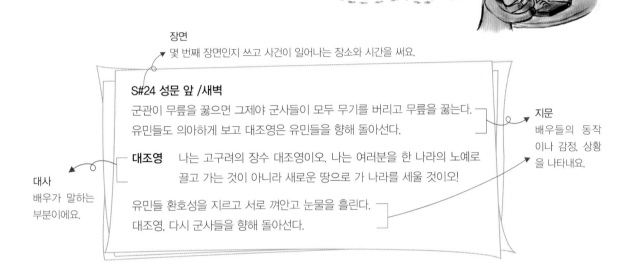

장면
몇 번째 장면인지 쓰고 사건이 일어나는 장소와 시간을 써요.

S#24 성문 앞 /새벽
군관이 무릎을 꿇으면 그제야 군사들이 모두 무기를 버리고 무릎을 꿇는다.
유민들도 의아하게 보고 대조영은 유민들을 향해 돌아선다.

지문
배우들의 동작이나 감정, 상황을 나타내요.

대조영 나는 고구려의 장수 대조영이오. 나는 여러분을 한 나라의 노예로 끌고 가는 것이 아니라 새로운 땅으로 가 나라를 세울 것이오!

유민들 환호성을 지르고 서로 껴안고 눈물을 흘린다.
대조영, 다시 군사들을 향해 돌아선다.

대사
배우가 말하는 부분이에요.

셋, 배우 캐스팅

시놉시스가 완성되고 1, 2회 대본이 나오면 드라마 감독이 배우를 결정하는 캐스팅을 해요. 캐스팅에서 가장 중요한 것은 드라마 속 인물과 가장 가까운 이미지의 배우, 또는 역할을 잘 소화할 수 있는 배우를 찾는 것이에요. 가령 세종 대왕의 역을 맡을 배우를 캐스팅하기 위해 제작진은 어떤 배우가 왕의 이미지와 외모에 가장 잘 어울릴 것인지를 생각해 연기력, 나이, 외모, 체격 조건 등을 살펴보지요. 캐스팅을 할 때 배우의 특기도 중요해요. 드라마 속 주인공의 직업이 가수라면 노래를 하는 장면이 많기 때문에, 연기 실력과 더불어 가창력이 뛰어난 배우를 찾아야 해요.

여주인공으로 딱이야!

넷, 장소 섭외와 스케줄 짜기

드라마를 촬영할 장소를 찾고, 촬영 일정을 짜요. 보통 이 과정은 조연출이나 무대 감독이 하지요. 드라마를 보면 주인공이 사는 집, 분위기 좋은 카페, 들풀이 우거진 숲길 등 멋진 장소들이 많이 등장하지요? 드라마의 전체적인 분위기는 어떤 장소에서 촬영을 하는지에 따라 달라져요. 그래서 드라마의 분위기를 최대한 살릴 수 있는 장소를 찾아 외국이나 지방으로 가기도 하지요. 드라마가 인기를 얻으면 드라마 속 배경들이 명소가 되기도 해요.

다섯, 대본 연습하기

1회로 끝나는 단막 드라마가 아닌 미니 시리즈의 경우 16회에서 20회 정도 촬영하기 때문에 스텝들 사이에 호흡을 맞추는 것이 중요하답니다. 이런 과정이 바로 대본 연습이에요.

실제 촬영에 들어가기 전에 대본 연습날을 정해서 배우들과 감독, 작가가 함께 모여서 대본 연습을 해요. 배우들끼리 대사를 읽어 보며 어떻게 연기할지 미리 연습을 해 보는 과정이지요. 대본 연습은 배우와 감독, 작가가 서로의 의견을 나누는 시간이기 때문에 드라마를 만드는 데 있어서 아주 중요한 과정이에요.

드라마 대본이에요. 표지에는 제목과 회차, 방송 일자, 주요 제작자의 이름이 적혀 있어요.

여섯, 촬영하기

드라마 촬영은 보통 1회 분량을 기본으로 촬영하지만 시간이 촉박할 경우에는 2회 분량을 한꺼번에 찍기도 해요. 촬영할 때는 보통 대본의 순서대로 찍지 않아요. 촬영의 효율성을 높이기 위해 장소나 해가 뜨고 지는 시간 순서에 맞춰서 촬영 순서를 짜게 되지요.

예를 들어 드라마를 보면 주인공이 집에서 잠을 자고 회사에 나와서 일을 하고 집으로 다시 퇴근하는 순서라면 실제 촬영은 출근하기 전의 집의 장면을 찍을 때 퇴근 뒤의 장면도 한꺼번에 찍어요.

일곱, 편집하기

촬영이 끝나고 촬영된 테이프가 편집실로 넘어오면 드라마 편집 감독은 테이프를 방송 시간에 맞춰 편집해요. 불필요한 장면은 자르고 여러 번 촬영한 것 중 감독의 승낙을 받은 화면을 골라 대본 순서대로 구성하는 것이에요.

이때 음악 감독은 드라마의 분위기에 맞는 배경 음악을 주요 장면에 집어넣어요. 사랑을 나누는 장면에서 달콤한 주제곡이 흐르고, 이별하는 장면에서 애절한 음악이 흐르는 것은 편집하는 동안 이루어진답니다. 이렇게 드라마 편집이 완성되면 이제, 우리는 한 편의 재미있는 드라마를 안방에서 편안하게 볼 수 있는 것이지요.

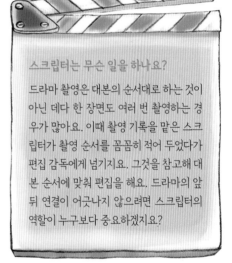

스크립터는 무슨 일을 하나요?

드라마 촬영은 대본의 순서대로 하는 것이 아닌 데다 한 장면도 여러 번 촬영하는 경우가 많아요. 이때 촬영 기록을 맡은 스크립터가 촬영 순서를 꼼꼼히 적어 두었다가 편집 감독에게 넘기지요. 그것을 참고해 대본 순서에 맞춰 편집을 해요. 드라마의 앞뒤 연결이 어긋나지 않으려면 스크립터의 역할이 누구보다 중요하겠지요?

KBS온, 더 체험해 보아요

"블루 스크린에서 상상력을 펼쳐요!" – 가상 스튜디오

가상 스튜디오

파란 배경에서 상상의 세계로 안내하는 가상 스튜디오에요. 가상 스튜디오는 실제 세트의 화면에 컴퓨터 그래픽으로 만들어 낸 배경을 합성해서 영상 화면을 재현해 내는 것을 말해요. 스튜디오 카메라와 크로마 세트, 컴퓨터 그래픽에서 만들어진 가상 세트를 조합했어요. 아무것도 없는 크로마 판 앞에서 출연자가 이동하면 마치 실제 세트에서 방송을 진행하는 것처럼 보여요.

자, 그러면 우리도 체험해 볼까요? 먼저 파란색의 무대에 올라가 멋지게 서 봐요. 이곳에서 손가락으로 여기저기를 가리키면 텔레비전 화면에 뭉게구름과 함께 합성된 자신의 모습을 볼 수 있어요. 마치 내가 구름 아래 서있는 기분이 들지 않나요? 무엇을 상상하든 가상 스튜디오에서는 모든 게 가능하답니다.

"방송 연출자, 카메라 감독, 출연자를 경험해 보아요!" – TV 부조정실 체험

TV 부조정실 체험

여기 TV부조정실 체험 코너는 방송의 제작 현장 체험을 간접적으로 할 수 있는 코너랍니다. 부조정실 체험은 총 3가지를 할 수 있어요. 먼저, 총감독 데스크를 볼까요? 총감독은 연출자(PD)나 기술, 음향, 조명 감독님을 말해요. 특히 연출자는 스튜디오 카메라가 촬영한 화면을 어떻게 방송할지 최종 결정을 내려요. 부조정실 체험에서는 여러 버튼을 눌러 보며 촬영한 화면을 방송으로 내보내는 경험을 할 수 있답니다. 두 번째는 스튜디오 카메라예요. 카메라 감독님이 어떤 위치에서 어떤 크기와 각도로 화면을 잡느냐에 따라 다양한 영상들이 만들어지죠. 세 번째는 직접 출연자가 돼서 스튜디오 무대를 체험할 수 있어요. 직접 마이크를 잡고 아나운서나, 출연자로 변신할 수도 있고요, 이런 내 모습을 모니터 화면으로 직접 확인해 볼 수도 있답니다.

"주인공 목소리로 변신!" - 만화영화 더빙 체험

만화영화 더빙 체험

여기는 모니터와 오디오시스템을 이용해 신나는 더빙 체험을 할 수 있는 곳이에요. 모니터 앞에 있는 버튼을 누르면 화면에 '구름빵'의 '홍시'와 '홍비'가 나타나서 더빙을 시범 보인답니다. 더빙 대사를 익혔으면 바로 녹음을 시작해 볼까요? 안내 설명에 맞춰 내가 진짜 홍시와 홍비가 된 것처럼 크게 대사를 말해 보세요! 자, 3초만 기다리면 짜잔~, 멋진 결과물이 나옵니다. 내 목소리로 완성된 만화 영화 속 한 장면!

"핀 스크린 상상 체험" - 만화영화 캐릭터 존

만화영화 캐릭터 존

좋아하는 만화 주인공 캐릭터들의 다양한 포즈들을 따라 하고 핀을 밀어 보세요. 아주 근사한 캐릭터 핀 스크린이 완성된답니다. KBS에서 방영했던 역대 만화 캐릭터와 기념 촬영도 할 수 있고, TV 화면 구성 원리도 체험할 수 있어요.

"만질 수 있을 것 같아요!" - 3D 입체상영관

150인치 대형 스크린으로 KBS가 제작한 3D 입체 영상물을 감상할 수 있는 곳이에요. 입체 영상을 체험하려면 특수 안경을 껴야 해요. 한류 드라마, 어린이 프로그램, 음악 프로그램 등 다양한 콘텐츠가 있답니다.

드라마 속 주인공이 되어 봐요

KBS 수원센터는 국내 드라마 제작 현장에 필요한 제작, 미술, 편의 시설과 오픈세트장, 특수 촬영장으로 구성된 국내 최대의 종합 영상 제작 단지예요. 이곳에 오면 스튜디오와 야외 촬영장을 둘러보면서 드라마가 어떻게 만들어지는지 그 현장을 직접 볼 수 있지요.

방송 역사 전시관에는 옛날 방송 장비들과 드라마 〈이순신〉에 쓰였던 작은 모형 배가 전시되어 있어요.

드라마 촬영의 중심, 드라마 스튜디오

KBS 수원센터에는 총 6개의 텔레비전 스튜디오가 있어요. 드라마를 만들 때마다 스튜디오에 배경이 되는 집 안이나 사무실 등의 세트를 지어 놓고 드라마를 촬영하지요. 사극을 촬영하는 스튜디오에는 왕이 머물던 편전과 세자나 중전이 머무는 방이 그대로 재현되어 있어요. 방 안에 놓여 있는 가구나 병풍 등이 당시에 쓰던 것 그대로이지요.

사극을 촬영할 때는 이런 소품 하나하나까지도 신경을 써서 만들어야 해요. 또 사극에 출연하는 연기자들의 옷이나 머리 모양도 반드시 역사적 고증을 거쳐 준비한답니다.

역사를 만드는 사람들, 분장사

방송에서 분장은 일반 분장과 특수 분장으로 나뉘어요. 일반 분장은 텔레비전 화면에 평범하게 나오기 위한 기본 분장을 말해요. 배우가 노인 역할을 할 경우 흰머리나 얼굴의 주름을 분장으로 만들어 주지요. 특수 분장은 등장 인물의 특징을 더욱 강조하기 위해 하는 것이지요. 피나 상처, 괴물의 얼굴이 필요할 경우 특수 분장의 도움을 받아요.

사극
과거의 이야기를 라디오나 텔레비전 드라마로 만든, 프로그램의 한 장르예요.

고증
옛날 서적이나 물건을 조사하여 증명하는 것을 말해요.

사극을 촬영하는 스튜디오예요. 천장에는 수많은 조명 기구가 달려 있어요.

타임머신을 타고 과거로, 야외 촬영장

여기는 1890년대부터 1960년대까지 서대문, 종로, 명동 일대를 재현한 시대극 세트장이에요. 아하, 약 70년 전에는 시내 거리가 바로 이런 모습이었군요. 그런데 과거의 모습을 어떻게 재현했냐고요? 철저하게 조사하고 현장 답사를 하여 당시와 거의 흡사한 시내 거리, 상점, 근대식 건축물들을 나타낸 것이랍니다. 이 곳에 있으면 꼭 타임머신을 타고 70년 전으로 거슬러 올라온 것 같지요?

1935년에 지어져 극장과 영화관으로 쓰였던 동양극장의 모습이에요. 지금은 사라진 건물이지요.

야외 촬영장에는 드라마 〈명성황후〉의 주요 배경이 된 건물들도 있어요. 당시의 건축 양식으로 설계된 러시아 영사관, 일본 공사관과 일제 강점기에 많이 지어진 일본식 가옥을 볼 수 있지요.

1940년대 거리의 모습이에요.

영사관
외국에 있으면서 무역에 관계된 일이나 자기 나라의 국민을 보호하는 일을 맡는 관청이에요.

총 105동의 건물이 있는 이 세트장은 실제 크기보다 70~80퍼센트 작게 지어졌어요. 세트는 촬영하는 드라마에 따라 조금씩 바꿔 사용하고 있답니다.

KBS 수원센터

주　　　소	경기도 수원시 팔달구 인계동 468
문　　　의	(031) 219 – 8000
견학 신청	홈페이지에서 미리 예약해야 해요. http://office.kbs.co.kr/suwon/
입 장 료	무료
가는 방법	지하철 1호선 수원역 4번 출구에서 2-1, 9, 9-1, 82-2번 버스를 타고 KBS 수원센터 정류장에서 내려요.

KBS 수원센터에서 관람객을 위해 마련한 드라마갤러리예요.

한 편의 프로그램이 만들어지기까지

그동안 가 보고 싶었던 KBS온 견학홀을 둘러본 소감이 어떤가요? 흔히 방송국 하면 막연히 "연예인이 많겠다.", "재미있겠다."라고만 생각했지 이렇게 복잡하고 긴박하게 돌아가는 줄은 몰랐지요? 방송이 어떻게 제작되고, 어떻게 우리 안방까지 오게 되는지, 그 제작 현장을 둘러보면서 어떤 생각을 했나요?

텔레비전 앞에서 화려한 조명을 받는 스타들을 바라보면서 멋지고 재미있을 거라고 생각하지만 우리가 보는 것은 일부분일 뿐이에요. 한 편의 프로그램이 만들어지기까지는 수많은 방송 제작진들의 노력이 숨어 있답니다. 만약에 이 중 한 사람의 도움이라도 빠진다면 지금처럼 재미있고 다양한 방송 프로그램을 만날 수 없을 거예요.

방송 제작진들의 전문적인 역할과, 방송이 만들어지는 과정을 살펴보면서 흥미를 느꼈다면, 여러분도 시청자를 위해 공정하고 유익한 내용의 프로그램을 만드는 방송인의 꿈을 키워 보는 것은 어떨까요?

초창기 방송이 처음 만들어지던 과정을 생각해 보세요. 방송을 통해 청취자들을 웃기고 울리던 그 시절, 방송은 외로운 사람들의 벗이며 가족이며, 애인처럼 중요한 것이었답니다. 지금도 방송은 언론의 공정과 균형, 또 정보 전달과 국민의 '알 권리'를 충족시킨다는 사명감을 가지고 국민들에게 행복한 웃음을 전달해 주는 프로그램을 만들고 있어요. 방송은 이 시대를 살아가는 우리의 모습을 기록하는 작업이기도 하지요. 앞으로 방송 프로그램을 보고 들을 때, 이런 방송인들의 사명감이 우리에게 잘 전달되고 있는지 가늠해 봐요.

지금까지 공정한 방송, 즐거움을 주는 방송을 만들기 위해 땀 흘리는 사람들이 있는 방송국 현장이었습니다!

나는 KBS온 박사!

지금까지 방송의 역사와 한 편의 프로그램이 만들어지는 과정을 잘 따라가 보았나요?
한 편의 프로그램을 만들기 위해 참 많은 사람들이 참여하고 있지요?
이제부터 퀴즈를 풀면서 둘러본 방송 과정을 잘 기억해 보세요.

❶ 순서에 맞게 번호를 써 보세요.

다음은 텔레비전 드라마가 만들어지는 과정이에요. 순서에 맞게 번호를 써 보세요.

편집	시놉시스 쓰기	장소 섭외	대본 쓰기
( )	( )	( )	( )

촬영	대본 연습	캐스팅
( )	( )	( )

❷ 보기에서 골라 적어 보세요.

다음 질문에 맞는 방송국 제작진의 명칭을 보기 에서 골라 적어 보세요.

1. 프로그램을 기획하고 제작하는 사람은? (   )
2. 프로그램의 기획과 구성 아이디어를 내고 대본을 작성하는 사람은? (   )
3. 감독을 도와 무대 위에서 프로그램의 진행을 돕는 사람은? (   )
4. 드라마 등장 인물의 분장을 맡는 사람은? (   )
5. 뉴스 시간에 날씨 정보를 전달해 주는 사람은? (   )

보기	분장사, 기상 캐스터, 무대 감독, 프로듀서(피디), 구성 작가

③ 십자말풀이를 해 보세요.

견학홀을
잘 둘러 봤으면
맞힐 수 있을 거야.

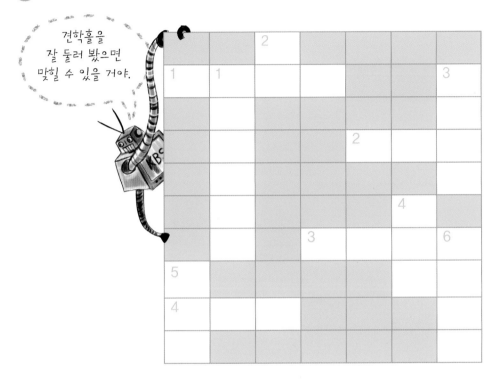

〈가로 열쇠〉

1. 경성방송국의 호출 부호는 영어 알파벳으로 ○○○○예요.

2. 경성방송국 시절, 지금의 라디오를 부르던 이름은?

3. 드라마에서 작가가 생각하는 주제를 간단하고 쉽게 요약해 적은 것을 말해요.

4. 텔레비전 프로그램이 끝나면 마지막 자막으로 올라가는 이름들이에요. 텔롭 또는 크레딧이라고도 불러요.

〈세로 열쇠〉

1. '방송중'을 표시하는 등이에요. 이 등이 켜지면 방송을 제작하고 있다는 뜻이에요. 영어로 쓰여 있어요. ○○-○○○

2. 프로듀서를 도와 프로그램을 만드는 조연출을 영어 알파벳으로 ○○라고 불러요.

3. 방송국에서 사건을 취재해서 보도하는 사람이에요.

4. 프로그램의 진행 상황을 적은 진행표예요.

5. 드라마의 배역에 맞는 주인공을 선택하는 과정이에요.

6. 드라마 현장에서 촬영 기록을 맡는 사람이에요.

정답은 56쪽에

방송을 직접 만들어 봐요!

방송이 만들어지는 과정을 살펴보았으니 이제 여러분이 직접 '우리 가족 뉴스'를 만들어 봐요. 어떤 방송을 만들 것인지 구상하고, 읽을 멘트도 적어 보아요.

1. 큐시트 만들기

큐시트는 프로그램을 어떻게 만들지 진행 상황을 적은 표예요. 가장 먼저 이것을 만들어 어떤 순서대로, 누가 방송을 할 것인지 계획을 세워야 해요. 제목, 방송 날짜, 프로듀서 이름, 출연자 이름 등을 적어요. 그리고 방송 순서대로 누가 나와서 무엇을 하는지 차례대로 적어 나가요.

이때 화면에 나오는 사람을 '비디오'로, 그 때 해야 하는 말을 '오디오'로 구분해서 정리해 두는 것이 좋아요.

타이틀 〈우리 가족 뉴스〉

*방송날짜: 2020년 6월 30일
*프로듀서: 나(조유빈)
*출연자: 나(조유빈), 엄마, 동생(조하빈)

순서	비디오	오디오
1	진행자 (나)	오프닝 멘트
2	방송 기자 (동생)	뉴스 멘트
3	인터뷰 (동생, 엄마)	인터뷰 멘트
4	방송 기자 (동생)	뉴스 멘트
…	…	…

2. 오프닝 멘트 쓰기

오프닝이란 프로그램이 시작되는 말머리라고 할 수 있어요. 프로그램의 시작을 알리는 부분이기 때문에 중요해요. 자, 그러면 여러분의 생각을 담아서 '우리 가족 뉴스'의 오프닝 멘트를 작성해 볼까요?

〈오프닝〉

요새 아침 저녁으로 일교차가 심합니다. 요즘 같은 환절기에는 감기 환자들이 많은데요.
오늘은 감기 예방에 좋은 음식에 대한 뉴스를 전해 드릴까 합니다. 주부 남혜정 씨는 가족들의 감기 예방을 위한 특별한 음식을 준비한다고 하는데요. 조하빈 기자가 그 현장을 취재했습니다.

3. 리포트 만들기

방송 기자가 뉴스 현장을 찾아가서 인터뷰하는 방송 리포트를 만들어요. 방송 리포트는 기자가 취재를 해서 시청자에게 전해 주는 내용을 말해요.

여기는 저희 엄마가 감기 예방을 위해 특별한 음식을 만드는 현장입니다. 지난 3월에는 배앓이로 고생하는 아빠를 위한 건강 차로 가족들에게 후한 점수를 얻은 엄마의 감기 예방 요리는 어떤 것인지 한번 알아볼까요?

기자) 감기를 예방하는 요리에 쓰이는 재료는 무엇인가요?
엄마) 배입니다.
기자) 특별히 배를 택한 이유가 있으신지요?
엄마) 배는 가래를 없애는 효과가 있고 기침이 오래도록 낫지 않을 때도 효과가 있는 과일이에요.

특히 변비가 있을 때도 좋아요.
기자) 그렇다면 배를 어떻게 요리하면 될까요?
엄마) 배의 속을 파내고 그 안에 꿀을 넣어요. 그 다음, 냄비에 넣고 뚜껑을 덮은 뒤 푹 고아서 마시면 감기에 효과를 볼 수 있어요. 또 배를 갈아 즙을 내서 생강즙과 꿀을 섞어 마시거나, 냄비에 배 한 개를 썰어 놓고 우유를 부어 끓인 것을 먹어도 좋아요.
기자) ……네, 이 특별 요리를 먹으면 감기가 확 달아날 것 같습니다. 지금까지 엄마의 요리 현장에서 '우리 가족 뉴스' 조하빈이었습니다.

4. 우리 가족 뉴스를 캠코더로 촬영해요.

우리 가족 뉴스를 진행, 취재, 인터뷰 순으로 캠코더에 담아요. 말하는 사람에 따라서 장소나 화면 구도를 다르게 연출한다면 나도 멋진 카메라맨이 될 수 있답니다.

 ▶  ▶

이 밖에도 저녁 식사를 준비하는 엄마의 요리 과정을 취재해도 좋고, 건강이라는 주제로 운동을 하고 있는 아빠를 인터뷰해 봐도 재미있을 거예요. 가족들 개개인의 이야기를 뉴스 기사로 만들어 보아요.

여기서
잠깐!

9쪽 드라마, 다큐멘터리, 뉴스, 퀴즈 프로그램

25쪽

두꺼운 삼베를 걸어 놓고 돌리는 소리 · 철판을 망치로 때리는 소리 · 부채 위에 콩을 올려 놓고 튕겨서 내는 소리 · 키 위에 콩을 놓고 소리

비 오는 소리   바람 소리   파도 소리   천둥 소리

35쪽 책임 프로듀서, 방송 작가, 내레이터, 조연출(에이디)

나는 KBS온 박사!

❶ 순서에 맞게 번호를 써 보세요.

다음은 텔레비전 드라마가 만들어지는 과정이에요. 순서에 맞게 번호를 써 보세요.

편집 **7** 시놉시스 쓰기 **1** 장소 섭외 **4** 대본 쓰기 **2**

촬영 **6** 대본 연습 **5** 캐스팅 **3**

* 장소 섭외와 대본 연습은 맡고 있는 사람들이 다르기 때문에 동시에 이뤄질 수도 있어요.

❷ 보기에서 골라 적어 보세요.

다음 질문에 맞는 방송국 제작진의 명칭을 보기 에서 골라 적어 보세요.

1. 프로그램을 기획하고 제작하는 사람은? 프로듀서(피디)
2. 방송 프로그램에서 기획과 구성의 아이디어를 내고 대본을 작성하는 사람은? 구성 작가
3. 감독을 도와 무대 위에서 프로그램의 진행을 돕는 사람은? 무대 감독
4. 드라마 등장인물의 분장을 맡는 사람은? 분장사
5. 뉴스시간에 날씨정보를 전달해 주는 사람은? 기상 캐스터

보기 분장사, 기상 캐스터, 무대 감독, 프로듀서(피디), 구성 작가

❸ 십자말풀이를 해 보세요.

현관홀을 잘 둘러 봤으면 맞힐 수 있을 거야.

		²A				
¹J	O	D	K			³방
n						송
l			²수	신	기	사
A					⁴큐	
i			³시	놉	시	⁶스
⁵캐					트	크
⁴스	크	롤				립
팅						터

〈가로 열쇠〉
1. 경성방송국의 호출 부호는 영어 알파벳으로 ○○○○에요.
2. 경성방송국 시절 지금의 라디오를 부르던 이름은?
3. 드라마에서 작가가 생각하는 주제를 간단하고 쉽게 요약해 적은 것을 말해요.
4. 텔레비전 프로그램이 끝나면 마지막 자막으로 올라가는 이름들이에요. 텔롭 또는 크레딧이라고도 불러요.

〈세로 열쇠〉
1. '방송중'을 표시하는 등이에요. 이 등이 켜지면 방송을 제작하고 있다는 뜻이에요. 영어로 쓰여 있어요. ○○-○○○
2. 프로듀서를 도와 프로그램을 만드는 조연출자를 영어 알파벳으로 ○○라고 불러요.
3. 방송국에서 사건을 취재해서 보도하는 사람이에요.
4. 프로그램의 진행 상황을 적은 진행표예요.
5. 드라마의 배역에 맞는 주인공을 선택하는 과정이에요.
6. 드라마 현장에서 촬영 기록을 맡는 사람이에요.

사진

KBS 한국방송 3p(KBS방송국), 12p(경성방송국), 13p(우문현답 스튜디오), 14p(서울중앙방송국), 15p(금산위성통신지구국), 16p(컬러 텔레비전 방송), 19p(뉴트로다인 5구 수신기), 22p(발전기 엔진 냉각용 선풍기, 발전기 엔진 보온용 전기 히터, 시보용 차임), 23p(시보용 표준 시계, 방송 청취 방해 방지기, 라디오 수리용 진료기), 26p(스포츠 중계), 31p(뉴스 스튜디오), 36p(보도국), 37p(카메라 기자), 38p(부조정실), 39p(주조정실, 텔레비전 중계차, 소품실, 분장실), 49p(동양극장 야외 세트)

주니어김영사

(이진우 촬영) 6p(오픈 스튜디오), 8p(견학홀 입구, 2층 로비), 9p(견학홀 2층 로비), 12p(방송 연혁), 18p(미니 박물관), 20P(미니 박물관 내부), 24p(라디오 드라마 스튜디오), 25p(라디오 드라마 녹음), 30p(뉴스 앵커 체험 코너), 46p(가상 스튜디오, TV 부조정실 체험), 47p(만화영화 더빙 체험, 만화영화 캐릭터 존)

(윤형구 · 남수진 촬영) 18P(보급형 제1호 라디오), 19P(국산 라디오, 탄소형 마이크, 다이나믹 형 마이크), 20P(필름용 무비 카메라, 개국 초기 텔레비전 카메라, RCA TK 76 카메라), 21P(흑백 텔레비전, 국내 최초 ENG카메라, 수중 카메라), 25p(효과음 도구), 44p(대본), 48p(KBS 수원센터, 드라마 스튜디오), 49p(KBS 수원센터 야외 촬영장, 드라마갤러리)

초등학교 교과서와 관련된 학년별 현장 체험학습 추천 장소

1학년 1학기 (21곳)	1학년 2학기 (18곳)	2학년 1학기 (21곳)	2학년 2학기 (25곳)	3학년 1학기 (31곳)	3학년 2학기 (37곳)
철도박물관	농촌 체험	소방서와 경찰서	소방서와 경찰서	경희대자연사박물관	IT월드(과천정보나라)
소방서와 경찰서	광릉	서울대공원 동물원	서울대공원 동물원	광릉수목원	강원도
시민안전체험관	홍릉 산림과학관	농촌 체험	강릉단오제	국립민속박물관	경희대자연사박물관
천마산	소방서와 경찰서	천마산	천마산	국립서울과학관	광릉수목원
서울대공원 동물원	월드컵공원	남산골 한옥마을	월드컵공원	국립중앙박물관	국립경주박물관
농촌 체험	시민안전체험관	한국민속촌	남산골 한옥마을	기상청	국립고궁박물관
코엑스 아쿠아리움	서울대공원 동물원	국립서울과학관	한국민속촌	서대문자연사박물관	국립국악박물관
선유도공원	우포늪	서울숲	농촌 체험	선유도공원	국립부여박물관
양재천	철새	갯벌	서울숲	시장 체험	국립서울과학관
한강	코엑스 아쿠아리움	양재천	양재천	신문박물관	남산
에버랜드	짚풀생활사박물관	동굴	선유도공원	경상북도	남산골 한옥마을
서울숲	국악박물관	고성 공룡박물관	불국사와 석굴암	양재천	롯데월드 민속박물관
갯벌	천문대	코엑스 아쿠아리움	국립중앙박물관	경기도	국립민속박물관
고성 공룡박물관	자연생태박물관	옹기민속박물관	국립민속박물관	이화여대자연사박물관	삼성어린이박물관
서대문자연사박물관	세종문화회관	기상청	전쟁기념관	전쟁기념관	서대문자연사박물관
옹기민속박물관	예술의 전당	시장 체험	판소리	천마산	선유도공원
어린이 교통공원	어린이대공원	에버랜드	DMZ	한강	소방서와 경찰서
어린이 도서관	서울놀이마당	경복궁	시장 체험	화폐금융박물관	시민안전체험관
서울대공원		강릉단오제	광릉	호림박물관	경상북도
남산자연공원		몽촌역사관	홍릉 산림과학관	홍릉 산림과학관	월드컵공원
삼성어린이박물관		국립현대미술관	국립현충원	우포늪	육군사관학교
			국립4·19묘지	소나무 극장	해군사관학교
			지구촌민속박물관	예지원	공군사관학교
			우정박물관	자운서원	철도박물관
			한국통신박물관	서울타워	이화여대자연사박물관
				국립중앙과학관	제주도
				엑스포과학공원	천마산
				올림픽공원	천문대
				전라남도	태백석탄박물관
				경상남도	판소리박물관
				허준박물관	한국민속촌
					임진각
					오두산 통일전망대
					한국천문연구원
					종이미술박물관
					짚풀생활사박물관
					토탈야외미술관

4학년 1학기 (34곳)	4학년 2학기 (56곳)	5학년 1학기 (35곳)	5학년 2학기 (51곳)	6학년 1학기 (36곳)	6학년 2학기 (39곳)
강화도	IT월드(과천정보나라)	갯벌	IT월드(과천정보나라)	경기도박물관	IT월드(과천정보나라)
갯벌	강화도	광릉수목원	강원도	경복궁	KBS 방송국
경희대자연사박물관	경기도박물관	국립민속박물관	경기도박물관	덕수궁과 정동	경기도박물관
광릉수목원	경복궁 / 경상북도	국립중앙박물관	경복궁	경상북도	경복궁
국립서울과학관	경주역사유적지구	기상청	덕수궁과 정동	고성 공룡박물관	경희대자연사박물관
기상청	경희대자연사박물관	남산골 한옥마을	경상북도	국립민속박물관	광릉수목원
농촌 체험	고창, 화순, 강화 고인돌유적	농업박물관	경희대자연사박물관	국립서울과학관	국립민속박물관
서대문자연사박물관	전라북도	농촌 체험	고인쇄박물관	국립중앙박물관	국립중앙박물관
서대문형무소역사관	고성 공룡박물관	서울국립과학관	충청도	농업박물관	국회의사당
서울역사박물관	충청도	서울대공원 동물원	광릉수목원	롯데월드 민속박물관	기상청
소방서와 경찰서	국립경주박물관	서울숲	국립공주박물관	몽촌토성과 풍납토성	남산
수원화성	국립민속박물관	서울시청	국립경주박물관	민주화현장	남산골 한옥마을
시장 체험	국립부여박물관	서울역사박물관	국립고궁박물관	백범기념관	대법원
경상북도	국립서울과학관	시민안전체험관	국립민속박물관	서대문자연사박물관	대학로
양재천	국립중앙박물관	경상북도	국립서울과학관	서대문형무소 역사관	민주화 현장
옹기민속박물관	국립국악박물관 / 남산	양재천	국립중앙박물관	서울역사박물관	백범기념관
월드컵공원	남산골 한옥마을	강원도	남산골 한옥마을	조선의 왕릉	아인스월드
철도박물관	농업박물관 / 대법원	월드컵공원	농업박물관	성균관	서대문자연사박물관
이화여대자연사박물관	대학로	유명산	롯데월드 민속박물관	시민안전체험관	국립서울과학관
천마산	롯데월드 민속박물관	제주도	충청도	경상북도	서울숲
천문대	몽촌토성과 풍납토성	짚풀생활사박물관	서대문자연사박물관	암사동 선사주거지	신문박물관
철새	불국사와 석굴암	천마산	성균관	운현궁과 인사동	양재천
홍릉 산림과학관	서대문자연사박물관	한강	세종대왕기념관	전쟁기념관	월드컵공원
화폐금융박물관	서울대공원 동물원	한국민속촌	수원화성	천문대	육사관학교
선유도공원	서울숲	호림박물관	시민안전체험관	철새	이화여대자연사박물관
독립공원	서울역사박물관	홍릉 산림과학관	시장 체험 / 신문박물관	청계천	중남미박물관
탑골공원	조선의 왕릉	하회마을	경기도	짚풀생활사박물관	짚풀생활사박물관
신문박물관	세종대왕기념관	대법원	강원도	태백석탄박물관	창덕궁
서울시의회	수원화성	김치박물관	경상북도	해인사 고려대장경과 장경판전	천문대
선거관리위원회	승정원 일기 / 양재천	난지하수처리사업소	옹기민속박물관	호림박물관	우포늪
소양댐	옹기민속박물관	농촌, 어촌, 산촌 마을	운현궁과 인사동	유니세프 한국위원회	판소리박물관
서남하수처리사업소	월드컵공원	들꽃수목원	육군사관학교	무령왕릉	한강
중랑구재활용센터	육군사관학교	정보나라	이화여대자연사박물관	현충사	홍릉 산림과학관
중랑하수처리사업소	철도박물관	드림랜드	전라북도	덕포진교육박물관	화폐금융박물관
	이화여대자연사박물관	국립극장	전쟁박물관	서울대학교 의학박물관	훈민정음
	조선왕조실록 / 종묘		창경궁 / 천마산	상수허브랜드	상수도연구소
	종묘제례		천문대		한국자원공사
	창경궁 / 창덕궁		태백석탄박물관		동대문소방서
	천문대 / 청계천		한강		중앙119구조대
	태백석탄박물관		한국민속촌		
	판소리 / 한강		해인사 고려대장경과 장경판전		
	한국민속촌		화폐금융박물관		
	해인사 고려대장경과 장경판전		중남미문화원		
	호림박물관		첨성대		
	화폐금융박물관		절두산순교성지		
	훈민정음		천도교 중앙대교당		
	온양민속박물관		한국에너지기술연구원		
	아인스월드		한국자수박물관		
			초전섬유퀼트박물관		